CATALOGUE

DES

MANUSCRITS

DE LA

BIBLIOTHÈQUE DE SAINT-OMER,

CONCERNANT L'HISTOIRE DE FRANCE.

PAR H. PIERS,

MEMBRE DE LA SOCIÉTÉ ROYALE DES ANTIQUAIRES
DE FRANCE, ETC.

Sic vos non vobis....

LILLE.
Imprimerie de Ve LIBERT-PETITOT, place du Théâtre, 27.
1840.

CATALOGUE
DES
MANUSCRITS DE LA BIBLIOTHÈQUE
DE
SAINT-OMER.

CATALOGUE

DES

MANUSCRITS

DE LA

BIBLIOTHÈQUE DE SAINT-OMER,

CONCERNANT L'HISTOIRE DE FRANCE,

PAR H. PIERS,

MEMBRE DE LA SOCIÉTÉ ROYALE DES ANTIQUAIRES DE FRANCE, ETC.

LILLE.

Imprimerie de Ve LIBERT-PETITOT, place du Théâtre, 27.

CATALOGUE

DES MANUSCRITS DE LA BIBLIOTHÈQUE

DE

SAINT-OMER.

N° 707. — *Chroniques de France.* — Manuscrit sur vélin, en deux volumes in-folio, caractères de la fin du quatorzième siècle (nous partageons sur l'âge de ce manuscrit le sentiment de Lefebvre, historien de Calais), à deux colonnes, lettres initiales en couleurs et ornées. — Le premier volume contient 354 feuillets, et le deuxième volume 246 feuillets.

Ce manuscrit, l'un des plus précieux de la bibliothèque de Saint-Omer, contient une foule de documents intéressants pour l'histoire générale de France et pour celle de la Morinie. Selon l'abbé Aubin, c'est le manuscrit ancien qui a échappé aux recherches du père Lelong, et dont le savant Lambécius nous a donné connaissance. D'après l'*Histoire littéraire de la France*, « on y voit l'histoire de nos rois en langue vulgaire jusqu'au règne de Charles-le-Chauve. La préface débute par ces termes : « Chil qui ceste œuvre commenche, à tous
» chians qui ceste ystoire liront, salut en notre seigneur.

» Pour chouque plusieurs gens doublaient de la généa-
» logie des roys de Franche, etc. » Peu après, on ajoute
que cette histoire est tirée principalement des anciennes
annales de l'abbaye de Saint-Denis, et, à la fin de l'histoire de Charles-le-Chauve, on lit des mots : « Chi
» faillent li fait de Charle le Chauf — chi commenchent
» li capitre du roys Loys le Baube, fieux Charles le
» Chauf et des autres roys après jusques au gros roy
» Loys. » — « Lambécius infère de là que cet ouvrage
historique consistait en plusieurs volumes...... » — Nous
avons vérifié les citations de l'*Histoire littéraire de la
France* avec le texte du manuscrit N° 707 et nous les
avons reconnues parfaitement exactes; toutefois, le
style de notre volume (et l'on pourra en juger par l'extrait ci-dessus emprunté au manuscrit même) est plus
ancien que celui de l'insertion dans le tome XII, page
405 de l'ouvrage précité. On lit aussi sur le premier
feuillet ces mots : « Si sera ceste ystoire descrite selont
» la lettre et lordenance des croeniques de labie de St-
» Denis de France où le ystoire et tous li fait de tous les
» rois de France est escrit. » — Nous avons déjà parlé
de ce manuscrit au sujet des preuves de la naissance à
Saint-Omer de l'abbé Suger. « Le N° 707 de nos manus-
» crits comprend deux volumes petit-infolio. Le premier
» a pour titre : *Histoire de Sigiers, abbé.* 1 »

On lit ces mots en tête du second volume : *Prosécution
de l'Histoire de Sigiers, abbé....* « Il est question dans le
début de la généalogie des premiers chefs des Francs,
descendants des Troyens; le récit des faits et gestes de
leurs successeurs se prolonge jusques à l'an 1390. Ce
livre, heureusement échappé à la destruction de la bibliothèque de l'abbaye de Saint-Bertin, renferme des
documents très-curieux sur l'histoire d'Artois..... » Lambécius avait donc raison lorsqu'il pensait que ce recueil
qui s'arrêtait dans l'exemplaire soumis à ses investigations à la fin du règne de Charles-le-Chauve, devait
comprendre plusieurs volumes, puisque dans le N° 707,
cette chronique entame le règne de Charles V......
— L'abbé Aubin avait donc aussi remarqué avec jus-
tesse que le manuscrit N° 707 était l'ouvrage désigné

---

1 La note suivante de la main de Charles Dewhitte est au bas du
même feuillet : *Chroniques de France*, commencées, à ce que l'on
prétend, par l'abbé Suger et continuées par d'autres religieux de
l'abbaye de Saint-Denis.

par Lambécius. — Mais ce manuscrit était-il resté pour ainsi dire inconnu, ou a-t-il été imprimé en totalité ou seulement par fragments? La publication éminemment utile des *Chroniques de Saint-Denis*, par M. Paulin Paris, pourra répandre peut être quelques éclaircissemens sur cette question. Nous possédons un volume in-folio des *Chroniques de Saint-Denis*, N° 3,139 des imprimés, édition incomplète et sans date, mais bien exécutée en caractères gothiques et remplie de vignettes sur bois, et après avoir confronté ce volume avec le N° 707, nous avons acquis la preuve évidente que ces ouvrages, d'une nature identique, il est vrai, n'avaient pas cependant le même texte.

Vous comprenez parfaitement quelle serait aujourd'hui la valeur d'un manuscrit ignoré sur l'histoire de France, car, plus que jamais, « on traduit les anciennes chroniques, on publie les vieux manuscrits. »

L'Institut historique proclame solennellement que partout « le goût des études historiques se propage chez les
» divers peuples du monde, que tous sentent le besoin
» de s'occuper de leurs annales, que tous pensent qu'il
» faut préparer pour les historiens à venir les matériaux
» enfouis dans les dépôts publics ou privés que le temps
» pourrait détruire. » — On déclare même hautement que ce serait un crime que l'inaction et l'indifférence à cette époque d'innombrables travaux, où chacun à l'envi cherche à glorifier le sol de la patrie, cette terre de France si généralement remplie de souvenirs héroïques. Continuons donc de préférer aux hauts faits des Grecs et des Romains l'exploration de nos archives nationales, et menons une vie toute française en retraçant avec constance les grands événements des siècles de nos aïeux. Beaucoup de nos ancêtres ne méritent-ils pas notre vénération filiale? « L'immortel Thierry n'est-il pas aveugle pour avoir enseigné l'histoire de notre pays? Nous obtiendrons aussi une véritable popularité en essayant d'imiter sa généreuse conduite, puisqu'il « est
» permis d'espérer qu'avant un demi-siècle, il n'y aura
» pas en France une localité de quelque importance qui
» ne puisse citer son historien. » (*Bulletin de la Société
de l'Histoire de France*, tome II, page 535.)

Nous avons avancé que notre manuscrit N° 707 recélait des notions considérables sur l'Artois et la Morinie; en effet, cet ouvrage semble décrire plus spécialement les fastes d'une contrée qui est à peine rentrée depuis deux siècles sous la domination française (alors que Labruyère, dans la peinture des mœurs de son temps, faisait encore cette recommandation : « Ne lui parlez pas des guerres de Flandre..... ») Actuellement, le riche territoire de Flandre, si détrempé du sang de ses enfants (« un pays fertile est souvent un avantage funeste pour » un peuple ») est universellement connu et apprécié. Voyez avec quel poétique entraînement la description en a été reproduite par Michelet, lui qui a si judicieusement formulé que « l'histoire est toute géographie. » — Nous adoptons l'opinion du dernier bibliothécaire de Saint-Bertin sur l'auteur de cette œuvre historique, et nous l'attribuons aussi à notre illustre compatriote. — Son texte sans doute peut être en général semblable aux nombreuses chroniques de France de l'incomparable collection de la bibliothèque royale, car jadis les historiens ne se faisaient guère de scrupule de se copier les uns les autres et presque sans aucun changement; il peut s'y trouver quelques variantes importantes, et c'est pourquoi nous allons encore en donner diverses citations. La déposition de Childéric III y est rapportée en quelques lignes : « En lan del incarnation Nre signe D. CC. et L. Hildéric q. rois estait apelez fu tondu mis en une abie. » Quoique le nom de l'abbaye ne soit pas ici spécifié, il est incontestable que ce fut dans le monastère de St-Bertin que le dernier des Mérovingiens, précipité du trône par un sujet trop puissant, termina, tondu et sous le froc, sa courte et malheureuse existence. — « Mon jeune ami, les rois ne sauraient trop étudier notre histoire..... » nous a enseigné M. Monteil. — On rencontre cette maxime sur la fortune dans le règne de Louis-le-Gros : « Fortune les puissans qui tost » abat celui qui elle amonte quant il li plaist, et quant » elle veult monter en haut celui qui amonqs ni fu. » — Le premier volume se termine à la naissance de Philippe-Auguste. — On voit ensuite une narration assez détaillée des batailles d'Arques et de Madelaine, près de Saint-Omer et quelques bulletins des opérations militaires de Robert d'Artois ; le chroniqueur n'omet pas, et avec raison, les exploits de nos braves morins, l'histoire ne devant pas négliger une foule de petits faits louables ou curieux. — La lettre d'Edouard III aux habitans de Saint-Omer, en date du 8 Février 1340, est un des documents les plus graves de l'histoire d'Artois ; « cette » lettre est rapportée en différens termes par les histo-

» riens, à cause de son style gaulois, observe Heunebert,
» quant à la substance, c'est la même partout. » — Elle
se trouve aussi dans le manuscrit N° 707, et c'est une
version pareille à peu-près pour le fonds à celle émanée
de l'historien précité, mais dans un style assurément
plus gaulois, car le texte imprimé en pourrait être considéré comme la traduction.

Le second volume conduit le lecteur jusqu'en 1370,
à la mort d'Arnould d'Audrehem et à la capture de
Thomas Granson par le vaillant Duguesclin. Si l'on rétrograde de quelques années, le tableau de la prise de
Calais par Edouard III est certes de nature à arrêter les
regards ; comment a-t-on pu chercher à rendre équivoque le dévouement des bourgeois de Calais, et imputer
à Eustache de Saint-Pierre une basse trahison ?

Nous avons compulsé le magnifique manuscrit N° 8,380
de la bibliothèque royale (bibliothèque de la Gruthuyse,
page 255) chroniques de Flandre exécuté par les seigneurs de la Gruthuyse de 1470 à 1480 (dont Denis Sauvage a rajeuni effectivement le langage avec supressions
de détails, mais toutefois sans addition au texte) et le
même évènement y est enregistré de la même manière :
« ilz se rendirent au roy d'Angleterre par telle condition
» que six des bourgeois de Calaiz alèrent au siège en la
» tente du roy.... et là se misrent du tout à la voulenté
» du roy.... » Lefebvre a cité notre manuscrit N° 707
dans son *Histoire de Calais*, tome 1, pages 740 et 754 et
il considère cette chronique *comme la plus conforme au
récit de Froissard*. Il ajoute qu'un seigneur de Chaillon,
nommé Amelot, possédait une copie de ce recueil, exécutée dans un temps fort postérieur. M. Buchon a signalé
aussi l'existence de ce manuscrit dans ses *Chroniques
nationales* et dans le *Panthéon littéraire*.

N° 706 — *Gregorius turonensis de Gestis francorum*. —
In-folio de 225 feuillets sur vélin, dont les lettres initiales sont en mauvaises couleurs, N° 268 de l'abbaye
de Saint-Bertin. — La première partie de ce manuscrit en 144 feuillets contient l'œuvre précieuse du *Père
de l'Histoire de France*, et la *Chronique de Frédégaire*,
caractères du neuvième siècle tracés sur deux colonnes ; la seconde partie en 79 feuillets à longues lignes,
sur une seule colonne, caractères du dixième au douzième siècle, comprend les *Annales d'Eginhard* et les
Annales de St-Bertin, de sorte que ce manuscrit remonte d'abord au commencement du monde, puis

aux temps les plus reculés de notre nation, et se termine vers la fin du neuvième siècle.

L'histoire des Francs, par Grégoire de Tours, est ordinairement divisée en deux parties; dans la première, qui forme les trois premiers livres de cette histoire, « l'auteur écrit d'après le témoignage d'écrivains plus anciens, d'après des traditions, d'après des ouï-dire, jusque vers l'an 547; la seconde remplit les sept derniers livres et finit à l'an 591. » (Avant-propos de Grégoire de Tours, publié par la société de l'Histoire de France.) On découvre dans cet ouvrage des détails curieux sur l'établissement du christianisme et de la discipline de l'église dans les Gaules, ainsi que sur la fondation de la monarchie française; des tableaux naïfs et curieux de l'état des esprits et des mœurs, plusieurs chartes du temps, quelques faits importans, des anecdotes intéressantes quoique trop fréquemment incertaines, des narrations de miracles multipliées outre mesure; « on trouvera le style lourd, monotone, incorrect, souvent barbare, » mais Grégoire de Tours est simple, il a de la conviction et de la droiture; ordinairement impartial, quelquefois même il est plein de charmes, et l'on peut affirmer que pour bien connaître l'ancienne France, et nos premiers ancêtres, on ne peut se dispenser de lire et d'étudier attentivement la production patriotique du respectable évêque de Tours. C'est un flambeau pâle, mais d'une lueur salutaire. Son témoignage est souvent d'un grand poids; on le voit presque toujours animé d'une noble indépendance envers les rois, surtout lorsqu'il refuse de livrer à un père dénaturé le prince Mérovée, si lâchement assassiné auprès de Thérouanne.

Guillaume Dewhitte a examiné soigneusement notre manuscrit N° 706, un peu dégradé par de brèves mutilations dans sa partie supérieure, et l'a revêtu de quelques notes en 1630. — La préface manque ainsi que les sommaires des livres, sauf ceux des deuxième, troisième et quatrième.

On n'y voit pas cette mention particulière du livre II: *Anno vicesimo quinto Clodovechi.* La phrase même qui précède cette date *multasque et alias virtutes, etc.*, y est également omise. — Dom Berthod a distingué ce manuscrit de Grégoire de Tours et l'a attribué au dixième siècle (Notice historique sur la bibliothèque de Saint-Omer, page 11.)

Les six premiers livres sont en général semblables au

texte de la première édition imprimée à Paris en 1561. Les variantes importantes commencent au septième livre, et c'est surtout dans les derniers feuillets du neuvième où se trouve inclus le dixième, que l'on peut remarquer des dissemblances multipliées avec les divers imprimés où il y a moins de brièveté. Les lacunes du manuscrit se distinguent à la fin du huitième livre.

M. Le Glay a fait remarquer qu'avec le sixième livre de Grégoire de Tours se termine la partie la plus ancienne de ces annales précieuses, celle qui paraît avoir été écrite avant le milieu du septième siècle et qui est presque entièrement conforme au manuscrit de l'abbaye de Cerbie réduit aussi à ces six premiers livres.

On cite principalement seize manuscrits de Grégoire de Tours ; celui de Cambrai jouit avec raison d'une grande célébrité. Dom Bouquet et les auteurs du *Nouveau Traité de diplomatique*, dans plusieurs endroits, en ont parlé avec éloge, malgré ses imperfections. La description savante de ce manuscrit dans le *Catalogue des manuscrits de la bibliothèque de Cambrai* est suffisamment connue. — Il n'y a point de manuscrit de Grégoire de Tours dans l'ancienne bibliothèque de Bourgogne, ni dans celles de Lille, d'Arras et de Boulogne. — Il fut question du manuscrit de Saint-Omer à la séance du 1er Février 1836 de la société de l'Histoire de France, mais le conseil pensa que les manuscrits de Grégoire de Tours conservés à Paris suffisaient avec le manuscrit de Cambrai à l'édition entreprise par cette société. — Nous sommes loin de désapprouver cette résolution ; « des ma-» nuscrits plus anciens ou plus excellents méritaient » bien d'être nommés, » d'après le *Nouveau Traité de diplomatique*; le nôtre n'est point dans cette catégorie ; il n'est point mérovingien comme celui de Cambrai, mais il est bien vieux aussi, et il est digne de la mention honorable qu'il a obtenue.

« Ce n'est pas sans raison, s'écrient les rédacteurs de l'*Histoire littéraire de la France*, qu'on a témoigné faire tant d'estime de l'ouvrage en question ! » mort le 17 Novembre 595, « quelle nation peut citer pour elle un historien aussi prochain du temps de son établissement ? il mérite sa reconnaissance..... Admirateur passionné de de notre grand saint Martin, il s'inspira sur son tombeau et fut lui-même élevé au nombre des saints, alors que le clergé presque seul était en possession d'écrire l'histoire.

Le chantre des *Martyrs* a lu avec attention Grégoire de Tours pour les mœurs des Francs, des Gaulois et des autres barbares.

Dans notre manuscrit, le dixième livre n'est autre que la chronique de Frédégaire; elle s'arrête là à la maladie de Charles Martel à Verberie sur les bords de l'Oise en 741. — Des écrivains du moyen-âge et quelques autres ne comptent que neuf livres dans Grégoire de Tours, n'en faisant qu'un seul du neuvième et du dixième..... Cela se trouve même aussi dans quelques manuscrits. Le N° 706 en est une preuve.

Les *Annales d'Eginhard* viennent après; elles commencent à la mort de Charles Martel et cessent en 830. Ensuite la narration arrive en 840, puis elle se prolonge jusqu'en 882 inclusivement, au-delà même. puisque le manuscrit finit par un paragraphe relatif à l'église de Reims. Les variations avec les imprimés paraissent moins importantes dans cette seconde partie, dont les caractères sont infiniment plus modernes.

La seconde partie du N° 706 est entièrement conforme aux *Annales Bertiniani* du tome III des Historiens de Duchesne; même texte et même chronologie 741—882 au commencement et à la fin. On lit dans ce recueil, au-dessous du titre des annales dont il s'agit, l'indication suivante : *Ex codice vetustissimo monasterii Sancti Bartini, cujus exemplar curâ R. P. Heriberti Rosweidi, societ. Jesus descriptum est, et à Joanne Bolando ejusdem societ. Antuerpiâ transmissum.*

Voici ce que nous lisons dans le Recueil des historiens des Gaules et de la France sur les annales de Saint-Bertin :

« Ces annales, qui commencent en 741 et finissent en 882, ont été copiées par les soins d'Héribert Rosweid, de la compagnie de Jésus, d'après un très-ancien manuscrit du monastère de Saint-Bertin; et c'est sur cette copie envoyée d'Anvers par Jean Bollandus, de la même compagnie, que François Duchesne les a mises au jour dans le tome III des Écrivains français et les a nommées Bertiniennes. Nous avons revu l'édition de Duchesne sur un manuscrit que l'on conserve dans le monastère de Saint-Bertin. Nous avions cru d'abord que ce manuscrit était le même que celui qu'avait fait copier Rosweid, mais maintenant nous le croyons différent. »

Les annales de Saint-Bertin qu'on appelle aussi, non pas parce qu'elles ont été composées par un moine de Saint-Bertin, mais parce qu'elles ont été trouvées dans ce monastère, ne sont pas d'un même auteur, comme en conviennent tous les savants. « Muratori les a ensuite réimprimées dans sa grande et belle collection des Historiens d'Italie, en y joignant un supplément qui continue l'histoire jusqu'en 900. — Différentes autres additions y ont encore été faites..... — Le président Cousin a traduit les annales de Saint-Bertin depuis 843 jusqu'en 890. Une traduction de cet important ouvrage 840 à 882, car ce qui le précède postérieurement 741 appartient à Eginhard, se trouve avec raison dans la *Collection des Mémoires relatifs à l'Histoire de France*, par M. Guizot; selon le sentiment de cet illustre historien, « les annales de Saint-Bertin sont la chronique contemporaine la plus détaillée et la plus exacte qui nous reste sur le neuvième siècle. »

— Dom Rivet a pensé que le texte de ces annales était perdu. — En 1736, le savant *Levesque de la Ravalière* publia un doute sur les auteurs des *Annales de Saint-Bertin*. — En 1748, l'abbé Lebœuf fit un voyage à Saint-Omer pour y examiner ce manuscrit pour ainsi dire inconnu, en même temps que tous les manuscrits de Saint-Bertin et de Clairmarais.

Que sont devenus le manuscrit sur lequel a travaillé le jésuite Rosweid, et le manuscrit qui a servi à Dom Bouquet pour réviser l'édition de Duchesne? On dit que le baron de Stein a retrouvé à Bruxelles l'unique manuscrit qu'on avait cru perdu des annales Bertiniani et Vesdastini. — Le N° 68 de la collection des manuscrits de Saint-Bertin avait pour titre : *Annales Bertiniani seu regum francorum*; nul doute, c'est l'un des deux mentionnés par dom Bouquet, mais sa destinée n'est plus ignorée.

La seconde partie du N° 706, portant le N° 268 du catalogue de Saint-Bertin, reliée à la suite des annales de Grégoire de Tours et de Frédégaire, soit parce que la couverture en était jadis probablement très-vieille, soit parce que chronologiquement parlant, elle y trouvait naturellement sa place, est incontestablement l'un de ces deux manuscrits. La partie de notre manuscrit qui concerne Grégoire de Tours n'a pas servi au Recueil des historiens dont il s'agit, mais elle y est indiquée comme précédant les annales de Saint-Bertin (tome III de Duchesne), document décisif en faveur du manuscrit primitif.

Après un examen attentif, notre opinion est donc que c'est bien le vieux manuscrit dont le jésuite Roswéid a tiré une copie pour l'historiographe Duchesne. Le voilà donc retrouvé ce fameux manuscrit des *Annales de Saint-Bertin !* 1

Peut-être le bibliothécaire de l'abbaye montra-t-il l'ouvrage de Tassart au rédacteur du Recueil des historiens..... « Les livres ont leur destinée comme les hom-
» mes, s'est écrié avec raison l'érudit bibliophile....., il
» vient un terme fatal où ils se confondent et s'enseve-
» lissent dans le tombeau des bibliothèques et devien-
» nent les victimes de l'incurie ou la proie d'insectes
» dévorateurs. » Il n'est que trop vrai toutefois que l'antiquaire des cités s'appuye sur une science équivoque; cependant, n'en déplaise à d'importans contradicteurs, nous croyons que le caractère de nos annales de Saint-Bertin est au plus tôt du douzième siècle, et nous sommes joyeux et fiers de cette découverte inespérée.

N° 708. — *Petite Cronique des faits de France, de Angleterre et d'ailleurs,* par Enguerrand de Monstrelet. — Grand in-folio sur papier, de 218 feuillets, caractères du quinzième siècle, à deux colonnes, sommaires en rouge, initiales en couleur et ornées. — La chronologie dans ce beau manuscrit où quelques mutilations se rencontrent au milieu et vers la fin du volume, ne commence qu'en 1444 et s'étend jusqu'en 1468. — Le N° 708 porte le N° 218 de Saint-Bertin, et l'archiviste Guillaume Dewhitte en a constaté l'acquisition en 1612.

Enguerrand de Monstrelet est né dans la Picardie et selon toute apparence dans le Boulonnais vers la fin du quatorzième siècle. Son nom est encore assez connu parmi nos Hautpinnois. Il résida habituellement à Cambrai et il mourut à la mi-Juillet 1453. 2 Sa chronique qui est comme celle de Froissart du plus haut intérêt pour l'histoire de notre contrée, est pareillement une sorte d'histoire générale de l'Europe. On ne saurait trop louer dans Monstrelet, digne émule de Froissart, et

---

1 Le *Mémorial artésien*, 3 Juin 1858. — *Archives du Nord,* 2me série, livraison 1.

2. « Concluons selon la vérité que l'illustre chroniqueur naquit à Bus, village de l'arrondissement d'Arras, et s'établit à Cambrai où il mourut. » (Mme Clément-Hémery.)

chroniqueur soigneux et utile, sa bonne foi, ses sentimens humains, la clarté de sa narration, et surtout son cœur vraiment français. Cet auteur a montré une prédilection pour la Picardie qu'il cherche à faire connaître d'une manière très-détaillée. Il nous a transmis aussi des particularités curieuses sur la funeste journée d'Azincourt, sur l'infortunée Jeanne d'Arcq, sur le comté de Saint-Pol et principalement sur les ducs de Bourgogne. Il accompagna souvent, dit-on, Philippe-le-Bon en qualité d'historien.

L'œuvre de Monstrelet commence au jour de Pâques de l'année 1400 et se termine par continuation en 1467; notre manuscrit est probablement une suite de ce recueil, mais l'on conteste toute coopération de Monstrelet au-delà de 1444, sauf le récit de la guerre des Gantois, en 1452, et l'on pense que la période de 1444 à 1467 doit être attribuée à Jacques Duclercq. Ce dernier traite le même sujet.

Les manuscrits de Monstrelet sont nombreux; les bibliothèques de Louis de la Gruthuyse et des ducs de Bourgogne possédaient ce chroniqueur; on le trouve encore dans les bibliothèques d'Arras et de Lille, tous du quinzième siècle. Le plus recherché est celui N° 8,347 de la bibliothèque royale. La première édition de Monstrelet a été exécutée à Paris vers 1504, par Antoine Vérard. M. Buchon, dans la belle collection du *Panthéon littéraire*, a dégagé Monstrelet d'un importun bagage qu'on appelle *le tiers-livre*, bien inférieur en mérite aux deux autres. La première édition de ce tiers-livre, faite à Paris, en Avril 1508, figure dans nos imprimés sous le N° 3,160; nous en avons comparé le style avec celui du manuscrit N° 708 et il y a entière similitude jusques au décès de Philippe-le-Bon inclusivement, car l'imprimé ne s'arrête qu'en 1516.—Sur le premier feuillet de notre manuscrit la chronologie s'annonce comme devant parcourir l'espace compris entre les années 1444 et 1471, mais après le chapitre consacré à la mort du duc Philippe et qui est suivi de son épitaphe, on ne compte plus que neuf chapitres, et le dernier qui n'est pas même terminé a pour objet la tenue d'un chapitre de la Toison-d'Or, en Mai 1468, dans la ville de Bruges.

— Dans le chapitre où est relatée la fin de Charles d'Orléans, on découvre ce renvoi connu : *come lon le puet veir par la chronique de Enguerran de Monstrelet*, mais les neuf chapitres de ce manuscrit qui n'appartiennent pas au tiers-livre, sont-ils inédits ou ont-ils déjà été consigné dans quelque recueil imprimé?

N° 734. — *Les Chroniques de Froissart.* — Trois volumes petit in-folio, sur papier, caractères du dix-huitième siècle, à longues lignes, nettement tracées, contenant, outre une table des matières à chaque volume, 1,399 pages au tome I; 1,119 pages au tome II, et 1,379 du tome III, provenant du chapitre de Notre-Dame de Saint-Omer. — On trouve à la fin des tomes II et III un discours sur l'ancienne jurisprudence criminelle.

Ce manuscrit a été correctement copié par un chanoine de notre cathédrale sur la première édition de Froissart, imprimé à Paris par Antoine Vérard. C'est un digne hommage qu'il rendait dans le siècle dernier au chanoine de Valenciennes.

On trouve aussi une chronique de Froissart écrite au dix-septième siècle dans la bibliothèque d'Arras, elle n'existe que par fragments à celle de Cambrai, mais l'un de ces fragments est précieux. — L'Ermite en province a signalé depuis long-temps l'exemplaire de la bibliothèque de Valenciennes, et l'habile éditeur des chroniques nationales, M. Buchon, y a découvert naguère une addition importante. Le Froissart de la bibliothèque d'Amiens jouit maintenant de quelque renommée. Écrit par le comte de Chimay, mort en 1472, ce manuscrit finit en 1377.

D'après M. Rigollot, Froissart en écrivant de nouveau sa chronique, aurait changé tout ce qui dans Jean Lebel devait contrarier les maîtres auxquels il s'était dévoué.

Les manuscrits de Froissart qui posaient aussi au premier rang des manuscrits des ducs de Bourgogne sont répandus dans plusieures contrées de l'Europe; l'un des plus beaux est celui de Louis de la Gruthuyse, N° 8,320 de la bibliothèque du roi.

Froissart, né à Valenciennes, en 1337, mort en 1410, comme on le sait généralement, a laissé une chronique qui commence en 1326 et finit en 1400. — Son caractère était généreux et loyal, et son cœur aussi, on peut le dire hautement, était vraiment français. Depuis cinq siècles il est demeuré debout,.... et sa gloire même ne fait que grandir. « Quand je serai mort, a-t-il dit, sera
» cette noble et haute histoire en grand cours. » — On l'a proclamé le Lafontaine des historiens,.... l'Horace

des temps gothiques..... d'une si franche naïveté, selon Montaigne, « ses chapitres m'inspirent plus d'enthou-
» siasme que la poésie elle-même, » s'écriait l'un des héros de Walter-Scott!

Froissart mena une vie errante en diverses contrées de l'Europe, et visita presque toutes les provinces de la France : « c'était en chevauchant qu'il traçait son his-
toire. » Mais la partie de cette histoire qu'il a traitée avec le plus d'affection, est celle qui concerne cette bonne Flandre qui le vit naître et mourir, et où il avait séjourné habituellement. Ne vint-il pas aussi à Saint-Omer? il prête ce discours flatteur à un général anglais. « En 1380, le comte de Buckingham qui oncques n'a-
» vait été au royaume de France, voulut voir St-Omer,
» pour ce que elle lui semblait belle de murs, de portes,
» et de tours et de beaux clochers. » N'est-ce pas là un hommage personnel qu'il rendait après l'avoir visitée lui-même à la cité des Audomarois? De toute manière, au reste, il ne disait que la vérité; trois siècles plus tard, le grand roi pénétrant en vainqueur dans nos murs, cette ville de Saint-Omer « lui parut fort belle,
» formosa, et bien fortifiée; » et aujourd'hui encore, raconte le voyageur intelligent, « lorsqu'on arrive à St-
» Omer, on éprouve une agréable sensation à la vue
» d'une ville bien construite et bien aérée; le désir de
» s'y fixer vient naturellement. »

Maintenant Valenciennes a sa rue Froissart; beaucoup de ses habitans possèdent le portrait du célèbre chroniqueur, et l'on verra un beau monument s'élever sur l'une des places publiques de cette commune patriote et éclairée.

N° 722. — *Histoire de la Terre Sainte et de l'état des Sarrasins.* — In-folio sur vélin, de 161 feuillets, caractères du treizième ou quatorzième siècle, à deux co-
lonnes, lettres initiales en couleurs assez fraîches et ornées, provenant de l'abbaye de St-Bertin, N° 274.
— Les sommaires des chapitres sont en encre rouge.
— Il s'y trouve trois miniatures; mais elles sont pres-
que entièrement effacées. — Style en ancien gaulois dans trois œuvres distinctes.

Le manuscrit commence en ces termes : « Innocent
» II apostoles de Rome (Innocent III probablement)
» vaut savoir les usages et les coustumes et les contrées
» des passages de la terre des Sarrasins et encontre lost
» des crestiens si quel en fuissent sage..... » Le chapitre

suivant s'ouvre avec le roi Baudouin, successeur de Godefroy de Bouillon. — Vient ensuite une note intéressante sur la fondation de l'ordre des Templiers et sur les comtes Thierry et Philippe d'Alsace. — Les exploits de Hue de Tabarié qui arma chevalier le grand Saladin, et ceux de Guillaume, châtelain de Saint-Omer, y sont constatés.— L'ouvrage offre après une description complète de la Terre-Sainte. Dès le sixième siècle, Grégoire de Tours parle des pélerinages à Jérusalem, mais à partir du onzième, alors que les prédictions sinistres de la fin prochaine du monde s'évanouissaient parmi les peuples moins timorés, une foule de pélerins s'acheminaient sans cesse vers le tombeau de Jésus-Christ. L'itinéraire de la Palestine était essentiel à connaître, et l'on sait que « les pélerinages à la Terre-Sainte forment une par» tie des monuments graphiques du moyen-âge. » (Voir le N° 776, paragraphe 3 pour le plan de Jérusalem.) — Cette *Histoire de la Terre-Sainte* n'est pas insérée dans la *Collection des Mémoires relatifs à l'Histoire de France*, mais elle peut incontestablement figurer comme un document précieux dans la bibliothèque des croisades. — Un enfant du Nord a visité récemment encore la capitale de la Judée en historien et en chrétien.

La première partie du manuscrit comprend 91 feuillets, dans lesquels on rencontre de nombreux traits de notre histoire nationale, entre autres des détails curieux sur les batailles d'Andrinople et de Bouvines. — Le dernier chapitre a pour titre : *du roi Jehan Dacre a qui le rois Despaigne donna se sereur a feme.* C'est l'époque de la mort de Philippe-Auguste. Ne peut-on attribuer cette œuvre à Jean de Sy, fameux calligraphe sous le roi Jean ? On sait que ce prince fut le premier qui souhaita d'avoir toutes sortes d'ouvrages en français. — Jean Miélot fit en 1456, par ordre de Philippe-le-Bon, une traduction de la *Description de la Terre-Sainte*... mais le caractère du manuscrit n'est pas du quinzième siècle.

La deuxième partie n'a que seize feuillets; il n'y est plus question de la Judée, mais encore des Sarrasins, car c'est une vieille traduction en prose de la chronique de Turpin, exécutée par les soins de Michel de Harnes, exécutée au commencement du treizième siècle sur l'histoire latine du fameux archevêque qui faisait partie de la précieuse bibliothèque de Renaud, comte de Boulogne (Duchesne cite un Michel de Harnes tué à Bouvines). Aussi y voit-on retracés avec grand éloge les noms illustres de Charlemagne, de Roland, et des autres héros de la fatale retraite de Roncevaux. — De nobles sentimens brillent dans cet écrit : « Vivre sans honour et morir. » Cette traduction de Turpin est absolument semblable à celle du manuscrit du collège de Navarre, indiquée par l'abbé Lebœuf. — On découvre, après une généalogie des rois de France depuis Pharamond jusqu'à Saint-Louis, en 16 feuillets, qui peuvent être du treizième siècle. — La troisième partie, en 54 feuillets, est une traduction également en langue romane de la Pharsale de Lucain, traduite aussi au temps du roi Jean. Nous possédons aussi des textes manuscrits du beau poème de Lucain, N°' 78 et 660.

N° 729. — *Historia hierosolimitana*. — Petit in-folio sur vélin, de 36 feuillets, caractères du quatorzième siècle, à deux colonnes, lettres initiales en couleurs et ornées, très-nettement tracé.

L'auteur de cet ouvrage est Jacques de Vitri, mort en 1244..... Il suivit Godefroid de Bouillon à la croisade et devint évêque de Saint-Jean-d'Acre. — Il composa les trois livres de l'histoire orientale et occidentale renfermées dans ce manuscrit, ouvrage curieux et recherché, dans lequel l'auteur ne rapporte que ce qu'il a vu lui-même, ou ce qu'il a appris de témoins oculaires. — Des fragments de cette histoire, qui finit en 1220, se trouvent dans les recueils de Bargare et de Martenne. La traduction des trois livres figure dans la *Collection des Mémoires relatifs à l'Histoire de France*, par M. Guizot.

N° 728. — *Vita Brunichildis francorum reginæ*. — Petit in-folio, sur papier, à longues lignes, en cinq volumes; le tome 1ᵉʳ renferme le premier livre en 84 pages, puis une vie de Brunehaut en 6 feuillets, extraite de divers historiens, et trois lettres autographes, l'une de Jean Bollandus, du 27 Octobre 1647, la deuxième de Godefroi Henschenius, en date du 26 Octobre 1647, écrites d'Anvers, et l'autre du 4 Mai 1649, d'Alexandre Godefroi de Lille. — Le tome II comprend la pagination du deuxième livre, de la page 85 à la page 208. — Le tome III celle du troisième livre, de la page 209 à 372. — Le tome IV ou quatrième livre, continue jusqu'à la page 495, et le tome V, où se trouve le livre cinq termine l'ouvrage à la page 629.

L'auteur de cette vie de Brunehaut se cache sous le voile de l'anonyme, mais par les lettres du frontispice, on voit qu'elle a été composée par Jean Floyde, jésuite anglais, professeur à Saint-Omer, et qu'il n'a pu obtenir même de son ordre la permission de la faire imprimer, parce qu'il tâche de justifier une princesse familiarisée avec les plus grands crimes. « Circa Flodi librum, *dit le visiteur, jam scripsi mi non audere inre tam periculosâ et controversâ permittere impressionem.* »

Les opinions sont encore bien partagées sur le compte de la reine Brunehaut : « il ne faut croire ni tout le bien que Fortunat, Grégoire de Tours, et saint Grégoire, pape, ont dit de Brunehilde, ni tout le mal qu'en ont raconté Frédégaire, Aimoin et Adon, qui d'ailleurs n'étaient pas contemporains de cette princesse : « C'était à tout prendre une femme de génie et dont les monuments sont restés. » (Etudes historiques, tome III.) Les chaussées dites de Brunehault sont encore célèbres dans la Morinie (Voir les curieux articles de M. Terminck dans le *Puits artésien*.) D'après Ipérius, cette princesse, qui s'occupa de la restauration des arts, surtout de l'architecture, ne se borna pas à réparer les anciennes voies, mais elle fit faire le grand chemin allant de Cambrai à Arras et d'Arras à Thérouanne et de là jusqu'à la mer. « Son administration, loin d'être stérile, fut honorable » et féconde en résultats. Elle a fait construire de belles » et solides chaussées, qui après plus de douze siècles » sont encore aujourd'hui profitables au pays. » (Taillar.)

Bergier et bien d'autres ont considéré ces anciennes chaussées comme les ouvrages des Romains. « Telle fut l'impression du long règne de Brunehaut que celle de l'empire semble en avoir été affaiblie dans le nord des Gaules; le peuple fit honneur à la fameuse reine d'Australie d'une foule de monuments romains. » (Michelet.)
— M. Paulin Paris a réhabilité Brunehault dans le *Plutarque français*. — « L'héroïne au teint brun, que reste-t-il pour nous la faire connaître? l'histoire incomplète d'un historien qui a vécu de son temps, quelques traits échappés çà et là aux chroniqueurs qui l'ont calomniée, les monuments qu'elle a laissés sur le sol, les lois qu'elle a données, enfin par-dessus tout, la voix populaire qui répète d'âge en âge le nom de Brunechild comme pour contredire les accusations officielles des écrivains de l'Australie. » (Huguenin jeune, Brunchild et les Austrasiens.)

Aujourd'hui l'impression de l'œuvre de Jean Floyde n'éprouvait plus d'obstacles, et la justification de Brunehaut s'opérait peut-être avec moins de difficultés. — Le père Lelong indique le manuscrit de Jean Floyde sous ce titre :

Innocentia et sanctitas Brunichildis reginæ, N° 25,025. « Ce traité est cité, dit-il, par Bollandus, dans ses notes » sur la vie de saint Nicet. »

N° 776. — *Varia opera*. — In 4° sur vélin et sur papier, caractères de différens siècles, à longues lignes ou à deux colonnes, initiales en couleurs, N° 164 des manuscrits de Saint-Bertin, contenant sept fragments :

1. *La Chronique de Flandre*. — 28 feuillets un quart en vélin, trois-quarts en papier, caractères du seizième siècle.

Sur l'exemplaire de Denis Sauvage, N° 3,208 du catalogue des ouvrages imprimés de la bibliothèque de Saint-Omer, on aperçoit quelques notes en marge qui contiennent des corrections émanées du fragment dont il s'agit. Il est maintes fois question de la ville de Saint-Omer dans cette vieille et précieuse chronique, qui commence à Lydéric de Harlebecq et finit à la bataille de Bouvines et au retour de Jean-sans-Terre dans la Grande-Bretagne.

2. *Genealogia nobilissimorum francorum Imperatorum et regum didacta à Carolo rege, conpendiosis loci restauratore post bina incendia*. — 3 feuillets, vélin, caractères du dixième siècle.

Ce fragment est le plus ancien manuscrit original que l'on possède sur l'histoire des comtes de Flandre. — Il fut composé en 961, par un ecclésiastique inconnu, nommé *Wilgerus*. Reingerus était en 950 moine de St-Bertin : c'est peut-être l'auteur de cet opuscule. Cette généalogie qui concerne spécialement l'ascendance de la dynastie carlovingienne, contient des détails précieux sur les familles illustres de Charlemagne et de Baudouin-Bras-de-Fer. On y trouve encore une espèce de panégyrique d'Arnould-le-Vieux et de son fils Baudouin III, et le tableau partout ailleurs incomplet des femmes et des enfans de Charles-le-Simple. — Les deux incendies dont il est question dans le titre sont ceux qui désolèrent l'abbaye de Ste-Corneille, à Compiègne, dans le neuvième siècle.

3. *Gesta francorum in Jerusalem*. — Vélin, caractères du douzième siècle, capitales en couleurs et ornées, 29 feuillets.

Ce fragment renferme un vieux plan de cette cité si célèbre.... On aperçoit sur ce plan l'église du Saint-Sépulcre qui a fourni le modèle de tant de monuments chrétiens.

4. *Chronica quadam Imperatorum francorumque regum gesta usque ad Carolum calvum*. — 11 feuillets, sur vélin, caractères du douzième siècle, à deux colonnes, initiales en couleurs et ornées.

Cette chronique remonte aux temps les plus reculés de notre monarchie et s'étend jusques aux faits et gestes de Charles-le-Chauve.

5. *Vita Clarissimorum Amici et Amilii christianorum*. — 12 feuillets, vélin, quatorzième siècle, lettres capitales et ornées.

Amélius et Amicus figurent dans le catalogue des saints. Les bollandistes s'étaient réservé d'examiner leurs vies qui ont été considérées comme apocryphes par l'archiviste de Saint-Bertin, Guillaume Dervloitte.

M. de Reiffenberg a indiqué sur ce fragment les sources suivantes :

Les *Anzeiger* de M. Mone, actuellement directeur des archives du grand duché de Bade, à Carlshure, Philippo Mouskés, et l'*Analectabiblion*.

La légende de ces saints romanesques, assurément l'une des plus intéressantes du temps héroïque de Charlemagne, a été consignée dans le *Speculum historiale* de Vincent de Beauvais, lib. 23, cap. 162, sous ce titre : *De Duabus pueris consimilibus Amico et Amelio* ; le texte n'est pas le même que celui du manuscrit, mais le sujet est absolument semblable ; dans ce recueil, le récit divisé en chapitres, s'arrête avec la guérison d'Amicus, mais dans le manuscrit il ne se termine qu'avec le tableau *Passionis* des deux incomparables amis. Cette romantique légende se trouve encore dans l'un des manuscrits de la bibliothèque de Bâle, au N° 293 des manuscrits de sir Philipps ; il en est aussi question au *Bulletin du bibliophile* (Août 1838), et dans une note du chant v de *Marmion*.

M. P. Paris s'est exprimé en ces termes à l'égard du N° 5 du manuscrit N° 776 :

« C'est un monument précieux, surtout s'il joint à la
» vieille et touchante légende les détails fabuleux que
» l'on retrouve sur Amis et Amile dans les chansons de
» Geste qu'ils inspirèrent et qui retentissaient au dou-
» zième siècle dans toute la France. » (Mémoires des
antiquaires de France, deuxième série, XLIX.

6. *Ganalonis proditoriæ perfidia.* — 8 feuillets, vélin, onzième siècle, à deux colonnes, initiales en mauvaises
couleurs.

Cet opuscule est un brillant panégyrique du fameux
Roland, *la fleur de la chevalerie*, qui succomba à Roncevaux par la trahison de Ganalon. On y remarque
en outre avec la *vision de Turpin*, une riche nomenclature des prodiges opérés dans les arts sous le gouvernement de Charlemagne.

7. *Fragmentum vitæ Caroli magni Cæsaris Turpini archié-
piscopi.* — 9 feuillets, vélin, neuvième siècle, à longues
lignes, initiales en mauvaises couleurs.

Cette vie de Charlemagne a eu bien du retentissement
dans le monde savant, et l'on s'en occupe encore sérieusement à Bruxelles, à Liège, aux antiquaires de France.
Mais quel en a été le véritable auteur ? Est-ce l'archevêque Turpin ou un moine inconnu du onzième siècle ?
Nous avions pensé que notre *Fragmentum* N° 7 reprodui-
rait la physionomie ainsi que le caractère du neuvième
siècle.... M. P. Paris n'est pas de cet avis, et il doit faire
autorité : « Cette copie semble remonter aux premières
années du onzième siècle ; elle aurait le plus haut prix,
si le style était réellement la fabuleuse chronique du
fabuleux Turpin. Malheureusement les signes calqués
par notre correspondant sont évidemment empruntées à
la vie de Charlemagne par Eginhard. »

N° 778. — *Compendium chronologicum à monachis Dunen-
sibus compilatum.* — In-4°, sur papier, de 408 feuillets,
caractères du quinzième siècle, à longues lignes, lettres initiales en or et en couleurs.

Ce traité commence à la création du monde et finit
en 1479 inclusivement. Il a été imprimé à Francfort en
1620, depuis 792 jusqu'à la fin. — Cette chronique, si
importante pour l'histoire de Flandre et qui a été d'un
grand secours à Meyer pour ses annales, a été écrite
par Jean à Brando, moine de l'abbaye des Dunes, à
Bruges. — On trouve à la suite une *Chronique abrégée des*

faits de France, depuis 1400 jusques à 1471. — Cette chronique est du même siècle et contient 59 feuillets.

N° 793. — *Tractatus ordinis anglice qui vulgarites dictus la gerretière.* — In-4°, sur vélin, de 67 feuillets, caractères nets du quinzième siècle, à longues lignes, composé par Mondons, moine de Cluni, en 1463; lettres initiales peintes en or et en couleurs, décorées de dentelles si singulièrement variées. — Provenant de Saint-Bertin, N° 293.

Ce manuscrit, qui a été fort sali par de nombreuses écritures sur les marges, n'en doit pas moins être placé au nombre des plus curieux de notre bibliothèque. Il est orné d'un élégant frontispice et de jolis dessins de fleurs, de fruits et d'oiseaux délicatement plaqués en or. — Cet ouvrage, qui se trouve aussi au Muséum britannique, est divisé en seize chapitres. — Il est suivi d'un *Brevis abreviatio* de la même histoire, avec un chapitre de plus, terminé par la devise de l'ordre : *Honny soit qui mal y pense.*

Édouard III a été l'instituteur de l'ordre de la jarretière. — La comtesse de Salisbury en a été l'héroïne. — « Il est resté un des cinq grands ordres de l'Europe. »

N° 125. — *Miscellanea* — Petit in-folio, sur papier, de 134 feuillets, caractères du quinzième siècle, initiales en couleurs. — Diverses mutilations existent dans ce manuscrit, mais on doit y remarquer vers la fin un fragment en six feuillets concernant la lutte des deux roses, en Angleterre.

N° 697. — *Eutropii Romana historia... Chronic. Amm. Marcellini fragmentus. — Notitia, provinceiarum Galliæ* — Petit in-folio, sur vélin, de 42 feuillets, caractères du neuvième ou du dixième siècle, sommaires des chapitres en encre rouge. — Quoiqu'une partie de l'extrémité supérieure de ce manuscrit soit mangée par l'humidité, il n'en est pas moins précieux par son antiquité. — M. Fleutelot se prépare à donner une nouvelle édition d'Ammien Marcellin, texte et traduction.

N° 756. — *Julii Cæsaris commentarium Belli Gallici.* — Petit in-folio, sur papier, de 104 feuillets, caractères du quinzième siècle, à longues lignes, initiales en couleurs ornées. — Le premier feuillet, où était le titre, a été enlevé avec une partie de la table. On sait que César *ad portum itium cum legionibus pervenit.*

Dans le chapitre iv du livre v, le mot *Meldis* a été placé en interligne au-dessus du mot *Belgis* qui est dans le texte. C'est une question audomaroise. La liberté de la Morinie expira la dernière devant l'ascendant des Romains, et l'illustre conquérant des Gaules rendit hommage au courage de cette nation, en proclamant qu'elle était une des plus belliqueuses qu'il eût combattues. — Si l'on veut absolument que les 40 vaisseaux dont parle César aient été construits dans la province, observe dom Devienne, ce n'a pu être que dans l'Aa, qui se partage au-dessus d'Arques en deux branches qu'on appelle encore aujourd'hui les deux Meldiques, ce qui pourrait bien indiquer les noms que portait anciennement l'Aa.

N° 784. — *Histoire du régiment du roi.* — Manuscrit sur papier, écrit à Nancy, en 1785, in-4°, de 241 pages, divisé en quatre parties, ayant quelques feuillets arrachés à la fin de la première partie.

L'histoire d'un grand nombre de villes, n'a été souvent, en réalité, jusques vers la fin du moyen-âge, qu'une notice détaillée des faits et gestes des comtes, qu'une légende chronologique des évêques et des supérieurs des monastères; ordinairement, elle a gardé un silence complet sur le peuple, il en a été aussi presque toujours de même d'une armée en temps de guerre : aux soldats vaillants et dévoués, les privations, les fatigues et les blessures; la gloire, la gloire exclusive au général heureux (Bulletin de la société de l'Histoire de France, tome II, page 192.) Hélas, que de braves sont morts héroïquement pour leur pays, avons-nous déjà observé (Biographie de la ville de Saint-Omer, page 217), sans avoir même obtenu une mention honorable, ou un simple regret de leur cité natale! Faisons donc revivre, chaque fois que nous en trouverons l'occasion favorable, les souvenirs respectables de nos francs et laborieux bourgeois, de nos utiles et courageux guerriers! L'honneur militaire et les vertus civiles doivent toujours être offerts comme de salutaires exemples aux regards pieux de la postérité !

Le *Régiment du roi* a joui d'une renommée éclatante dans les siècles précédens. Créé en 1662, il eut pour premier colonel, dix-huit mois après, le marquis d'Angeau. Il fut alors composé de cinquante compagnies. C'est en 1667 qu'il fit sa première campagne; il se montra avec distinction aux sièges de Tournai, de Douai et de Lille; Louis XIV le passa ensuite en revue entre Vincennes et Paris, et il y attacha quatre grenadiers par compagnie; or, ce sont les premiers grenadiers qui furent créés en France. — M. de Martinet remplaça le marquis Dangeau en 1670; cet habile officier, qui fut tué en 1672, au siège d'Augsbourg, régla et disciplina l'infanterie française; alors l'uniforme pour les habits fut introduit dans tous les régiments; les camps devinrent plus réguliers; on les partagea en rues tirées au cordon, et les faisceaux d'armes furent placés à la tête des bataillons.

Le *Régiment du roi* contribua ensuite sous son brillant souverain à la conquête de la Hollande, et après avoir escarmouché dans le comté de la Marck, il assista au siège de Maëstrick où il emporta l'ouvrage à corne, puis il coopéra à la reddition de la Franche-Comté. En 1675, il eut une grande part à la victoire de Senef; il y laissa sur le champ de bataille 72 officiers, dont 22 capitaines. En 1676, on le retrouva au siège de Bouchain, et en 1677 à ceux de Valenciennes et de Cambrai. Il déploya surtout devant Valenciennes une valeur surprenante.

L'année suivante, c'est aux attaques de Gand et d'Ypres qu'il poursuit dignement sa carrière belliqueuse, mais il éprouve un échec cruel à la bataille de Saint-Denis : un bataillon entier y est renversé ainsi que le colonel et presque tous les officiers. En 1688, il se distingue de nouveau au siège de Philisbourg, et en 1690, dans les plaines de Fleurus. En 1691, au siège de Mons, tous les capitaines des compagnies de grenadiers succombèrent. Au siège de Namur, en 1662, le régiment eut à déplorer une perte semblable. A Steinkerque, on lui dut la fortune de la journée : ayant poussé les ennemis de haie en haie, il les obligea d'abandonner le terrain et de faire retraite. Il revint alors couvert de lauriers, mais privé de l'élite des soldats et de quinze officiers supérieurs.

C'est à cette époque que le roi déclara que son régiment n'aurait plus d'autre inspecteur que lui-même, et qu'il attacha à la charge de colonel une pension de six mille livres.

On attribua surtout à cet intrépide régiment, le gain sanglant de la bataille de Nerwinde, en 1793. La paix de Ryswick lui laissa quelque repos, mais la guerre de la succession d'Espagne le rappela aux dangers et à la gloire. En 1703, il soutint sa réputation à Brissak et à Landau; cette dernière place ne se rendit qu'après avoir vu ses défenseurs mis en déroute par cette terrible phalange.

Après avoir obéi aux ordres de l'imprudent Villeroy, le régiment du roi batailla à l'Ecluse, à Oudenarde, et contribua à sauver la France à l'importante attaque de Denain. A la mort de Louis XIV, il campait à Marly. Il avait pour enseigne une croix blanche semée de fleurs de lys d'or.

De 1719 jusqu'en 1733, Louis XV visita plusieurs fois son régiment dans les environs de Paris; il voulut même qu'il lui donnât les premières notions de l'art militaire, et à cet effet, il fit construire à Versailles un polygone qui fut attaqué et défendu pendant vingt jours. Ce régiment servit ensuite en Italie, et il fut cité à l'occasion des sièges de Piziquitone et du château de Milan. En 1734, il fit des merveilles, car il soutint vaillamment le choc de Colorm, et on lui attribua encore les succès des affaires de Parme et de Guastalla. Il perdit 72 officiers et 566 soldats, et supporta en outre des pertes non moins sensibles sur les bords funestes de la *Via Cara*. A Guastalla, sa valeur avait été sans exemple. A la paix de 1736, le roi établit des écoles de mathématiques, de dessin, de langues et d'armes pour l'instruction des officiers de ce régiment. En 1739, il campait à Compiègne où il donna des simulacres de bataille et de passage de rivière. En 1741, il prenait Prague et chassait les Autrichiens de la Moravie, mais alors des maladies lui enlevèrent le tiers de son effectif. Il se couvrit ensuite de gloire à la défense de Prague, et alla prendre ses cantonnemens en Bavière. En 1743, il cueillit d'autres lauriers à Ettinghem; l'année suivante, il se trouva aux prises de Menin, d'Ypres et de Furnes; il guerroya sur les bords du Rhin, et assiégea Fribourg; puis, tandis qu'en Mai 1745 il était employé devant Tournai, le canon de Fontenoy se fit entendre; alors le régiment du roi, commandé par le duc de Biron, s'opposa avec audace aux colonnes du duc de Cumberland et aida puissamment à les enfoncer. A la fin de cette campagne, il vint passer son quartier d'hiver à Valenciennes. Il assista après à la prise de Bruxelles et des principales ville des Pays-Bas, ensuite aux batailles de Rocoux et de Lawfeld. A cette dernière affaire, il laissa 500 morts.

En 1748, il entra triomphalement dans Maëstrick.

Quelques années de tranquillité se succédèrent; mais il partit en Mai 1757 de Valenciennes, et alla camper à Wésel, sous les ordres du duc d'Orléans. Puis il coopéra dignement à la victoire d'Hastembeck, et fit les campagnes postérieures dans cette partie de l'Allemagne; en 1760 et en 1761, il se signala encore aux combats de Corbak et de Veillenghausen, s'opposa au prince Ferdinand et opéra diverses évolutions dans la Hesse. La paix se fit lors de la capitulation d'Amenerebourg. Le docteur Dezoteux de Boulogne, fonda en 1768 dans le régiment du roi, commandé alors par le duc du Châtelet, une école de chirurgie militaire qui jouit d'une juste célébrité. En 1770, il campait dans les environs de Fontainebleau. Louis XVI le passa en revue en 1778, dans la plaine de Marly. De là il se rendit au camp de Vaussieux, et enfin à Honfleur, destiné à faire une descente en Angleterre, laquelle n'eût pas toutefois de commencement d'exécution.

Tels sont les fastes recommandables du *Régiment du roi*, qui dota de tant d'illustrations l'ancienne armée française, les hauts gestes de cette fameuse milice qui participa aux triomphes de Turenne et de Condé, aux victoires de Luxembourg, et aux succès inespérés de Villars et du maréchal de Saxe.

La narration des faits généraux se termine, dans le manuscrit, en 1779, à la page 85, une lacune existant en cet endroit jusques à la page 119.

Ce manuscrit est terminé par la liste des colonels et capitaines, accompagnée de notes biographiques, depuis la création du régiment, et avec continuation jusqu'en 1789.

N° 558. — *Différents traités de paix.* — In-4°, sur papier, de 117 feuillets, caractères du seizième siècle, à longues lignes, initiales en couleurs.

Ce recueil contient les traités de paix conclues entre Charles-Quint et François Ier. On y trouve aussi quelques ballades de Marot.

N° 767. — *Pièces relatives à la satisfaction donnée au duc de Bourgogne.* — Petit in-folio, sur papier, de 49 feuillets, caractères du quinzième siècle, à longues lignes, difficile à lire.

Les pièces recueillies dans ce manuscrit sont relatives aux préliminaires de la paix d'Arras, conclue en 1435, au traité de Melun, fait en 1419 entre le dauphin et Jean-sans-Peur, au traité de Troyes, signé en 1420, et au différend de Philippe-le-Bon avec le duc de Glocester, concernant la Hollande et la Zélande. — On peut trouver dans ces pièces, écrites dans le siècle même, des événemens dont il s'agit, quelques renseignemens historiques d'une certaine importance. — La reliure de ce manuscrit, exécuté aussi dans le quinzième siècle par Jean Goutier, est infiniment curieuse.

N° 725. — *Guerre des Albigecis.* — Petit in-folio, sur papier, de 267 feuillets, caractères du quinzième siècle, à longues lignes, correct mais peu lisible, endommagé légèrement par l'humidité.

Ce manuscrit commence en 1206 et se termine à la mort de Montfort. Pierre Desvaux de Cernai, religieux de l'ordre de Citeaux est l'auteur de cette histoire qui a été insérée dans la bibliothèque des Pères. — Armand de Sorbin, évêque de Nevers, en fit une traduction française qui fut imprimée en 1569. — Camusat, chanoine de Troyes, en fit une publication plus correcte en 1615.

La croisade des Albigeois est un des événements les plus importans et les plus déplorables du règne de Philippe-Auguste. « On avait appris en marchant contre les infidèles à marcher contre les chrétiens. »

N° 736. — *De gestis Longobardorum Pauli Cassinensis monachi.* — Petit in folio, sur papier, de 121 feuillets, caractères du quinzième siècle, à longues lignes, lettres initiales en rouge, fort nettement tracé.

Cet ouvrage comprend l'histoire de l'ancien royaume des Lombards, jusqu'à sa destruction par Charlemagne. Il a été composé par Paul d'Aquilée, secrétaire du fameux Didier, et moine du mont Cassin, où il mourut au commencement du neuvième siècle.

N° 795. — *Enrichidion historiæ præcipuorum regnum virorumque illustricum nec non maximorum et imperiorum Ortus ei progressus.* — In-12, sur papier, de 180 feuillets, caractères du dix-septième siècle.

Ce manuscrit renferme des abrégés de l'histoire ancienne, de l'histoire romaine et un épitome de l'histoire d'Angleterre finissant en 1087.

N° 757. — *Julii Cæsaris bellum gallicum.* — Petit in-folio, sur papier, de 182 feuillets, caractères du quinzième siècle, à longues lignes, lettres initiales en couleurs.

l'expression *in Meldis* dent il s'agit au N° 756, se trouve dans ce commentaire. — A la suite se trouvent quelques *Orationes* de Cicéron.

N° 709. — *Memoriale omnium historiarum à principio mundi usque ad tempora sequentia.* — In-folio, sur papier, de 336 feuillets, caractères du quinzième siècle, mal écrit, imparfait et mutilé, avec des notes marginales. — Il est question de plusieurs circonstances de l'histoire de France, dans les derniers feuillets de ce manuscrit.

N° 792. — *Legenda aurea sanctorum.* — In-4°, sur vélin, de 302 feuillets, caractères du treizième siècle, à deux colonnes, lettres initiales en couleurs et ornées. — Les vies de plusieurs de ces saints intéressent l'histoire de France. — (Voir aussi à ce sujet les N°ˢ 711, 715, 716, 762, 763, 775, 791, 794.) — Voir encore sur les matières ecclésiastiques les N°ˢ 486, 533, 569, 781, 529 et 363.) — Ce manuscrit a été donné à l'abbaye de St-Bertin, en 1430, par Jean de Tasco.

N° 298. — *Encomium divi Bernardi et alia opera.* — In-4°, sur papier, écriture très-difficile du quinzième siècle, contenant quatorze traités, presque tous de la classe de la théologie et dont le dernier est de Hugues de St-Victor.

Notre attention s'est arrêtée principalement sur deux fragments de ce manuscrit.

Le premier est une exhortation en latin, au duc de Glocester, régent d'Angleterre, suivi d'un discours adressé au conseil du chef de ce royaume; l'autre est une copie, aussi en latin, du traité de paix conclue en 1420 entre les rois de France et d'Angleterre. On sait que les Audomarois, entraînés par les suggestions de Louis de Luxembourg, adhérèrent précipitamment à cette paix funeste.

N° 788. — *Vitæ Aliquot sanctorum.* — In-4°, sur vélin et sur papier, de 93 feuillets, caractères de divers siècles, à longues lignes et à deux colonnes dans plusieurs traités. — N° 740 du catalogue de Saint-Bertin.
On trouve dans ce recueil :

1° *Vita sancti Amandi.* — Cette vie de l'évêque de Maëstricht, l'un des apôtres des Pays-Bas, comprend le tiers à peu près du manuscrit. Elle est sur vélin, avec des initiales en couleurs et ornées.

2° *Fragmentum vitæ Domini Brunonis archiepiscopi Coloniensis.* — Ce fragment est en 6 feuillets, tracés dans le dixième siècle. Le reste paraît avoir été arraché.

3° *Tractatus de Moribus egregii patris Lamberti ecclesiæ Sancti Bertini abbatis.* — Ce traité en sept feuillets, sur vélin, caractères du douzième siècle, est également imparfait. Il est orné de belle initiales en or et en couleurs.

Lambert, quarantième abbé de Saint-Bertin, mort en 1125, est représenté généralement par nos annalistes comme l'un des plus savants hommes de son siècle, un grand prédicateur et un supérieur plein de zèle pour la régularité et la bonne tenue des monastères.—Ces feuillets ne sont pas aussi sans utilité pour l'histoire de l'abbaye de Saint-Bertin.

4° *Legenda de inventione corporis gloriosissimi confessorio Antonii eremitæ.* — 10 feuillets sur papier.

5° *Legenda sancti Mommelini exlegendis sancti Bertini scripta.* — 6 feuillets, sur papier, écrits dans le quinzième siècle. Nous avons déjà eu l'occasion de signaler cette légende (Histoire des Flamands du Haut-Pont, page 104.)

6° *Sancti Bertini vita.* — 14 feuillets, sur papier, écrits aussi dans le quinzième siècle, mais d'une manière illisible.

7° *Rosarium Beatissimi Joscionis religiosi insulæ sithin vulgo cœnobii celeberrinui sancti Bertini apud Morinos.*

Ce morceau, en 20 feuillets, dont le caractère est également du quinzième siècle, atteste encore par son titre de la célébrité de l'abbaye de Saint-Bertin dans les siècles précédents.

N° 765. — *Vita sancti Martini et aliorum.*—Petit in-folio, sur vélin, de 173 feuillets, caractères du onzième siècle, à longues lignes et à stylet, avec de grandes tournures singulièrement historiées et quelques figures d'un mauvais dessin et peintes en mauvaises couleurs.

Ce manuscrit qui a été écrit dans la première partie du onzième siècle, est un de ceux qui inspirent le respect par leur antiquité et par la nature du sujet traité. La vie de saint Martin est assurément une histoire nationale, car les Français avaient tant de vénération pour la mémoire du grand apôtre des Gaules, qu'ils portaient sa chape à la guerre, insigne tutélaire qui laissa son nom au premier roi de la troisième race de nos souverains. — Sulpice Sévère est l'auteur de la vie de cet ancien soldat, ainsi que des lettres et des dialogues dans lesquels il a complété le tableau des faits, gestes et miracles du saint.

Ces ouvrages de Sulpice Sévère, faibles sous le rapport chronologique, sont fort estimés pour la fidélité du récit et pour l'élégance du style. — Cette Vie de Saint-Martin a été imprimée dans Surius et dans la Bibliothèque des Pères. — On trouve en outre dans ce manuscrit deux discours de saint Grégoire de Tours, et deux discours de saint Ambroise, concernant la même matière *de Transitu et translatione sancti Martini*, des hymnes en l'honneur de ce personnage adoré, avec des particularités sur son tombeau et la basilique qui l'a recèle. Le manuscrit est terminé par les vies de saint Venant, de saint Bain, de saint Vulfran et par une homélie ; on voit encore au milieu de des légendes une autre vie de saint Martin Albini Magistri. — Tassart et Guillaume Dewhitte ont compulsé avec attention ce volume, sur lequel ils ont laissé quelques traces de leur érudition. Tous deux, à un siècle de distance, 1530 - 1630, en ont fixé la date, le dernier par un élégant distique.

N° 752. — *Histoire d'Artois*. — Manuscrit petit in-folio, sur papier, de 199 feuillets, caractères du quinzième siècle, écriture mauvaise et difficile à lire, à longues lignes.

Ce manuscrit, qui porte le N° 666 de Saint-Bertin, porte, dans l'ancien catalogue, le titre suivant :

Flandriæ comitum chronica, ampla. — Deux exemplaires de cet ouvrage étaient mentionnés sur ce catalogue ; sur l'un, ces mots étaient ajoutés au titre : *Lyderico ad annum* 1346 ; l'autre est devenu notre N° 752 ; il est imparfait, car la chronique n'y commence que dans les premières années du règne de Philippe-Auguste, mais elle comprend la relation entière du siège de Calais.

Quel est l'auteur de cette chronique, beaucoup plus abrégée que celle du manuscrit N° 707, mais toute différente ? Elle peut être d'une grande utilité pour l'histoire des treizième et quatorzième siècles. Les principaux événements qui concernent la Flandre et l'Artois, y sont non-seulement constatés, mais encore ceux qui intéressent essentiellement la France. — Vers la fin du manuscrit, les détails sont beaucoup plus étendus ; on y trouve aussi la lettre d'Edouard III, au magistrat de de Saint-Omer ; mais il est essentiel de remarquer que cette relation est la même mot pour mot que celle contenue audit manuscrit N° 707.

Vers la fin du manuscrit les détails sont beaucoup plus étendus, comme nous l'avons dit.

Le catalogue de Hanel signale une *Histoire d'Artois*, N° 279 des manuscrits de la bibliothèque d'Amiens, qui a attiré l'attention de la société de l'Histoire de France. — Ce manuscrit est terminé par une espèce d'homélie rimée sur un sujet ascétique, en 43 feuillets à deux colonnes. — Une note sur le dernier feuillet indique que ce volume a été prêté au commencement du dix-septième siècle par Guillaume Carpentier à Jean Richebé, conseiller de la ville et antiquaire renommé et laborieux.

Une *Histoire d'Artois* a été composé par Claude Doresmieux, artésien, en 1628 ; cette composition inédite a été conservée dans la bibliothèque de M. le chancelier d'Aguesseau (N° 38,969 de la bibliothèque du père Lelong.) — Notre manuscrit 752 est, selon quelques apparences une copie de cet ouvrage.

N° 821. — *Anciens Mémoires et Chroniques sur l'Artois*, recueillis par l'abbé Gérard-Lefebvre, religieux de l'abbaye de Marchiennes, desservant des paroisses de Fancquevillers et Gommecourt, et ancien vicaire de Saint-Sépulcre, à Saint-Omer — 8 volumes in-4°, sur papier, écrits dans le dix-neuvième siècle.

L'abbé Lefebvre était un ecclésiastique studieux, bienfaisant et d'une tolérance éclairée. Dans *ses loisirs*, il s'était amusé à copier en 1817 et années suivantes, quelques vieux mémoires et d'anciennes chroniques relatifs à la province d'Artois (mentionnés pour la plupart dans la bibliothèque du père Lelong) ; en voici la nomenclature : tome 1er : *Généalogie des comtes d'Artois*, par Denis de Bersaques ; en latin. — *Généalogie des comtes et comtesses d'Artois*, par Charles de Flandres, sieur de Herséaux. — *Éloges en vers des comtes et comtesses d'Artois*, par ledit sieur de Herséaux. 290 pages. — Tome II : *Laurentii Bonelli Atrebatis, de Flandriæ et Artesiæ principibus, rebusque conistatum memorabilibus Enarratio*. — *Généalogie des comtes d'Artois*, par Denis de Bersaques, en latin. — *Chronique de la province d'Artois*, par Baudouin, jurisconsulte, à Arras. 311 pages. — Tome III : *Mémoires historiques sur la ville d'Arras*, par Ponthus Payen. 295 pages. — Tome IV : *Relation des événements arrivés à Arras*, depuis 1577 jusqu'en 1580, par Wallerand Obert. — Notice sur Arras, se terminant en 1462; 164 pages. — Tome v : Description d'Arras, la première partie comprend l'histoire de cette ville, depuis son origine jusqu'à la levée du siège entrepris par les Espagnols, en 1654 ; la seconde partie est consacrée à divers détails de statistique. 488 pages. — Tome vi : Relation véritable de ce qui s'est passé à Arras, depuis l'union et confédération des états d'Artois avec d'autres provinces des Pays-Bas, par Ponthus Payen, 288 pages. — Tome vii : Divers morceaux imparfaits concernant l'histoire générale d'Artois. On trouve à la fin de ce volume, une petite Relation véritable de l'attentat contre la ville et cité d'Arras, qui devait s'exécuter le 8 Septembre 1654. 617 pages. — Tome viii : Histoire de l'abbaye de Marchiennes. Cet abrégé chronologique est indiqué comme ayant été rédigé par l'abbé Lefebvre lui-même. — Abrégé chronologique et historique de l'abbaye d'Eaucourt. 339 pages.

Ce recueil, plein de documents pour notre histoire locale, intéresse d'une manière plus spéciale la ville d'Arras. Il jouit d'une juste considération parmi les amateurs de l'histoire de ce département. — (Le Puits artésien, tome iii, page 213.

N° 855. — Recueil des hérésies, depuis l'an 51 jusqu'en 1662, avec des notes ; par l'abbé Lefebvre, vicaire, à St-Omer. — In-4°, sur papier, écrit dans le dix-neuvième siècle, contenant 409 pages.

Les 108 premières pages de ce volume renferment des détails curieux pour l'histoire de la ville d'Arras : on y voit entre autres, les noms de plusieurs gentilshommes qui furent reçus bourgeois dans les quinzième et seizième siècles, la liste des gouverneurs-généraux et particuliers, depuis 1330 jusqu'en 1666, celle des châtelains, depuis 1398 jusqu'en 1667, et des notes historiques, par M. de Venant, sieur de Grincourt.

N° 710. — Vita sancti Thomæ Cantuariensis. — Petit in-folio, sur vélin, de 177 feuillets, à deux colonnes, caractères du quatorzième siècle, initiales en couleurs et ornées ; manuscrit en partie gâté par l'humidité, sur lequel on trouve quelques notes marginales de Guillaume Dewhitte, mais assez lisible, et reproduit en partie dans le recueil de dom Bouquet.

Saint Thomas de Cantorbéry a visité une partie de la Morinie, et nous avons signalé sa présence dans l'abbaye de Clairmarais (Histoire des Flamands du Haut-Pont, page 185.) Les preuves de son voyage se rencontrent dans cette Vie de Thomas Becket qui ne comprend que 41 feuillets. — On voit à la suite des fragments de moralité diverses, notes généalogiques et chronologiques, poésies ascétiques, épîtres et dissertations ecclésiastiques. Nous avons remarqué parmi ces fragments une petite compilation de faits historiques qui intéressent principalement l'histoire de France jusqu'au règne de Philippe-le-Long, une Histoire des anciens habitans d'Albion, en 44 feuillets, *Ganfridi monumetensis opus*, et une lettre d'Alexandre-le-Grand à Aristote. — Il existe plusieurs manuscrits de la vie de l'illustre archevêque de Cantorbéry.

N° 730. — *Extraits de quelques chroniques manuscrites de Flandre.* — In-folio, sur papier, de 200 feuillets, caractères du seizième siècle, difficile à lire, à longues lignes, fort endommagé au bas des premiers feuillets, le dernier défectueux, commençant en 1459 et finissant en 1481.

Le nom de la ville de Saint-Omer est plusieurs fois cité dans ce manuscrit, écrit en latin, lequel nous a paru être important pour l'histoire de la ville de Gand. En tête du premier feuillet on lit la note suivante qui indique l'origine de l'ouvrage : *Ex quodam chronic manuscripto Flandriæ partim saltem Gandani missomihi al domina de Thiant sorore Domini de la motte et empte abeu Gandani quod accepi.* — L'acquisition est du 15 Novembre 1551.

N° 782. — *Discours contenant le portrait des personnes de qualité et de considération qui sont attachées au service du roi d'Espagne aux Pays-Bas, 1670.* — Petit in-4°, sur papier, de 146 pages, caractères du dix-septième siècle.

La table des matières de ce manuscrit contient 55 articles biographiques, dans lesquels on trouve des renseignemens curieux sur un grand nombre de personnages importans des armées espagnoles, pendant une partie des guerres du dix-septième siècle. — L'auteur est tout dévoué à son souverain, le roi d'Espagne; mais il prétend n'avoir été inspiré dans ses discours et portraits que par l'impartialité et la vérité.

N° 808. — *Recueil historique de Jean Hendricq.* — 3 volumes in-folio, sur papier à longues lignes, caractères du dix-septième siècle.

Cet ouvrage, quoiqu'écrit avec le style propre dans ce siècle aux provinces wallonnes, et communément employé par les pèlerins à la Terre-Sainte, n'en est pas moins intéressant assurément, soit par son exactitude, soit par la variété des objets qu'il présente à la curiosité des lecteurs. Nous ne connaissons pas de manuscrit plus curieux concernant la ville de Saint-Omer et ses environs, à cause de nombreux détails peu connus, la variété amusante de ses anecdotes, et les tableaux divers des mœurs et coutumes de ce temps-là. — Les événemens mémorables de la contrée, et les particularités remarquables des guerres de l'époque, y sont également décrits. — C'est même aussi comme dans Froissart, car plusieurs choses arrivées en pays étrangers y sont également rapportées.

L'auteur est Jean Hendricq, bourgeois de St-Omer (Biographie de Saint-Omer, page 75.) — Dans le tome premier, la série des faits est de 1594 à 1605, en 648 pages. On y lit une relation précieuse de la prise des villes de Calais et d'Ardres, par le cardinal Albert, en 1596. — Le tome deuxième a 476 pages et finit en Novembre 1614, mais à la page 443 vous pourrez voir une notice sur les établissemens religieux de Saint-Omer, suivie d'un aperçu chronologique très-important pour l'histoire de cette cité, depuis l'arrivée de son fondateur. — Le tome troisième s'arrête en Décembre 1623, à la page 342. — Chaque volume est terminé par une table des matières. — Ce manuscrit a été acquis à la vente de la bibliothèque de Charles Dewitte, en 1809.

N° 809. — *Les Annales de la ville de Saint-Omer.* — In-folio, sur papier, autographe de Charles-François Deneufville, curé de Sainte-Aldegonde, à Saint-Omer, contenant 584 pages, orné de plusieurs cartes et plans enluminés faits à la main.

Ce manuscrit, exécuté en 1724 et 1725, provient aussi de la bibliothèque de Charles Dewitte. — Il contient la succession chronologique des rois de France, depuis Pharamond; un abrégé historique des évêques de Thérouanne et de Saint-Omer, ainsi que des abbés de Saint-Bertin; la liste des comtes de Flandre et d'Artois qui ont régné dans cette ville, avec la série des faits arrivés pendant leur domination. — L'auteur y mentionne en outre les prévôts, les châtelains, les baillis, et gouverneurs, et quelques hommes distingués originaires du lieu. — On y trouvera aussi les relations des sièges et les fondations des établissements religieux. « Cet ouvrage, lit-on dans la préface, n'est proprement qu'un recueil de ce que les auteurs en ont dit dans leurs ouvrages et de ce que M. Deneufville a pu reconnaître de divers manuscrits, titres, registres et mémoires de cette ville. »

Sans contredit, ces *Annales*, qui sont pour les Audomarois d'une valeur inestimable, renferment tous les avantages qui peuvent accompagner une histoire particulière et la rendre utile et intéressante. — Ce volume n'est que le tome 1er du recueil de M. Deneufville (Biographie de la ville de Saint-Omer, page 98.) Les 584 pages, commençant avec les anciens Morins, ne s'étendent pas au-delà de la destruction de Thérouanne. — Elles sont précédées d'une *table des chapitres* en 7 feuillets, et d'une *Chronologie des annales*, en 36 feuillets, sur laquelle sont indiquées les autorités invoquées par l'auteur; elles sont suivies d'une *addition*, contenant les copies des chartes et autres preuves; des *statuts* donnés en 1447 par Philippe-le-Bon, d'un fragment sur nos hôpitaux, de la liste des doyens de Notre-Dame, et d'une note sur l'origine des conseillers au bailliage, le tout en 54 pages. — Vient après la table des matières en 10 feuillets.

N° 810. — *Histoire de la ville et cité de Saint-Omer.* — In-folio, sur papier, de 585 pages, à longues lignes, caractères du dix-septième siècle, acheté également à la vente de la bibliothèque de M. Ch. Dewhitte.

L'auteur de cet ouvrage n'est pas connu. — Il manque d'ordre et de méthode, mais il est plein de religion et de bonne foi. — Cette histoire remonte aux temps les plus reculés, et se termine à la levée du siège entrepris par les Français, en 1638. — Elle est divisée en quatre livres qui sont suivis du narré de ce siège. — Le premier livre contient 15 chapitres qui traitent de l'origine et de la description de la ville de Saint-Omer, des anciens Morins, du port Itius, de la fondation des deux principaux monastères et de leurs accroissements, des invasions des Normands, des terres flottantes, du magistrat; le livre deuxième, est en 3 chapitres; la première partie du livre troisième, est en 13 chapitres; on trouve dans ces seize chapitres la Biographie ecclésiastique. La deuxième partie du livre troisième, en 32 chapitres, traite des princes ou seigneurs qui ont régné sur les Audomarois depuis le premier forestier, jusqu'à don Juan d'Autriche. Le livre quatrième a 20 chapitres et conduit le récit des événements à l'année 1596. L'auteur a récapitulé dans ce récit les preuves honorables de fidélité que les habitans de Saint-Omer ont données à leurs souverains en divers siècles. — Le narré du siège de Saint-Omer, en 1638, est en 18 chapitres — C'est une relation différente que celle imprimée en 1638 même, chez la veuve Boscart. — Un journal de ce siège existe aux archives communales. — Plusieurs autres narrations ont été composées sur cet événement; celle du manuscrit N° 810 est-elle l'œuvre du carme Ange Hendricq ? — Les faits sont rapportés avec candeur et simplicité dans ce manuscrit, mais avec peu de discernement quant à la partie historique proprement dite, surtout dans les premiers livres; toutefois, nous sommes loin de contredire le témoignage suivant : « La nature et le mérite intrinsèque de cette histoire » semée de choses curieuses et instructives sur le local, » les mœurs, les usages et autres événements publics en » font aussi une source abondante où l'on peut puiser » des lumières et des notions qu'on ne trouverait que » difficilement et souvent même point ailleurs. » — Ce recueil renferme encore quelques recherches intéressantes sur plusieurs communes de nos environs.

N° 499. — *Recueil de pièces concernant les états d'Artois.* — In-folio, sur papier, de 617 feuillets, caractères du dix-septième siècle, très-difficile à lire, à longues lignes avec quelques notes marginales. — Cet ouvrage concerne la tenue des états d'Artois depuis 1626, jusqu'en 1640 (Voir le N° 565.)

N° 507. — *Considérations sur le gouvernement des Pays-Bas.* — In-folio, sur papier, de 485 pages, caractères du dix-septième siècle, à longues lignes. — L'époque où finit ce manuscrit est 1646; il a appartenu à Robert Dutillois.

N° 541. — *Coutume générale du comté d'Artois.* — In folio, sur papier, caractères du dix-septième siècle, à longues lignes, en deux volumes : le premier de 176 feuillets, et le deuxième de 198 feuillets. — Ce manuscrit appartenait en 1822 à Allard Delaviennée d'Arras. (Voir sur cette matière les N°s 525, 526, 532, 534, 566, 768.)

N° 528. — *Erectio collegii seu seminarii clericorum sancti*

Audomari. — In-folio, sur papier, de 87 feuillets, caractères du dix-septième siècle, à longues lignes. — (Voir le N° 529.)

N° 798. — *Recueil d'anecdotes.* — In-18, sur papier de 97 feuillets, caractères du dix-septième siècle, à longues lignes, difficile à lire.

Ce livre, « contenant plusieurs belles histoires et au-
» tres choses dignes de remarque recueillies de divers
» auteurs, » nous semble avoir été écrit par Adrien Leborgne.— Il ne contient rien d'intéressant pour l'histoire de notre contrée. On y trouvera des extraits d'Aubert Lemire, une liste généalogique des forestiers et comtes de Flandre, et quelques particularités fort connues sur la Morinie. — Les autres pièces de ce petit recueil sont des anecdotes relatives en général à l'histoire ancienne.

N° 33. — *Sanctus Hyeronimus in omnes prophetas.* — Grand in-folio sur vélin de 168 feuillets, caractères du quatorzième siècle, texte beau et net sur deux colonnes, lignes au stylet, initiale en couleur. — Ce manuscrit était imparfait, mais en 1627, il fut réparé par Dom Lambert Bouquet.

On lit avec intérêt au commencement de ce volume, sur le verso du premier feuillet, une relation curieuse de l'expédition des Français dans la Flandre, en 1558, *de gallorum in Flandriam expeditione, sive trajectionne et infeliciorum pugna anno 1558.* Cette description qui ne contient qu'une page à longues lignes a été composée par Louis Talesius, moine de Clairmarais. Nous en avons fait usage dans notre *histoire de Gravelines.*

N° 387. — *Epistolæ beati Hieronimi.* — In 8° sur vélin de 216 feuillets, caractères du seizième siècle à longues lignes et au stylet, décoré de belles initiales en couleurs, fraîches et ornées.

Plusieurs feuillets de ce manuscrits intéressent vivement notre histoire locale : on y voit une épitaphe de *Charles-Quint*, une épitre à l'abbé de St-Bertin contenant quelques souvenirs de la bataille de Gravelines, une épitaphe de *Henri II roi de France*, la mort d'*Adrien de Croy, comte de Rœux* et la destruction de *Theroncune*, quelques éphémérides locales et une petite invocation de *Henri II à tous rois* dont voici la fin :

Apprenez donc, rois, en prospérité,
Vous souvenir de madame Fortuné.

Qui de couleur moins joyeuse que Brune
Se joue aux rois comme aux autres humains
Très-variables, ainsi qu'on voit la lune,
Heureux celui qui ne tombe en ses mains !

C'est en 1560 que ce manuscrit a été écrit par Louis Taleux, Lambert Bouquet et surtout par Louis Dutaillis, moines de Clairmarais ; aussi s'y trouve-t-il encore une prière très affectueuse à la Notre-Dame de ce monastère.

N° 833. — *Abrégé chronologique et historique de l'abbaye de Notre-Dame d'Eaucourt diocèse d'Arras* — Petit in-folio sur papier de 51 feuillets, par Queinfort, bénédictin de St-Maur et historiographe d'Artois, accompagné d'un mémoire et d'une notice biographique concernant cette abbaye.

N° 1068. — *Remarques sur plusieurs articles de la coutume d'Artois*, par Hébert, conseiller au conseil d'Artois avec des notes de M. Rouget, avocat. — Manuscrit in-folio sur papier de 377 pages écrit à St-Omer en 1768. — (Voir les Remarques de Desmasures, N°s 823 et 824.)

N° 731. — *Comté de Flandre.* — Manuscrit in-folio, sur papier de 41 feuillets, à très longues lignes, on ne peut plus difficile à lire, écrit dans le seizième siècle.

La chronologie de cet ouvrage rédigé en latin s'étend de la fin du douzième siècle, à la reprise de St-Omer par les Bourguignons, en 1489.

N° 570. — *Histoire et droit de l'abbé de St-Bertin sur le comté de Guisnes.* — Manuscrit in-4° sur papier, caractère beau et net de la fin du dix-septième siècle à longues lignes, contenant 174 feuillets. — Couverture en maroquin, doré sur tranches et sur plat.

Guisnes, dépendance du comté d'Arques, fut donné à l'abbaye de St-Bertin par le Comte Walbert, en 668 ; l'acte de cette donation fut toujours considéré, par cette abbaye, comme son titre de seigneurie, à l'égard de ce beau domaine. Cette cession importante fut confirmée jusques dans le dixème siècle par l'autorité supérieure. Alors, Sifrid le danois, s'empara de la terre de Guisnes, et en fit hommage comme vassal à Arnould-le-grand, qui l'érigea en comté. La postérité de Sifrid y régna. — Les annales du monastère de St-Bertin sont en général peu favorables à l'audacieux pirate, mais elles sont loin de contredire (et le manuscrit N° 570 vient encore à l'appui de l'assertion) l'intention attribuée assez justement au comte de Flandre de poser ainsi à l'entrée de ses états une sentinelle capable de veiller sur les entreprises des barbares du nord. — Il n'est question, à la vérité, pour l'abbaye de St Bertin, que de bois, que de dîmes ou de fiefs du dixième siècle au milieu du quatorzième, dans le comté de Guines, mais alors les anglais en font la conquête; néanmoins le traité de Bretigny fait une réserve en faveur des biens ecclésiastiques ; puis les siècles s'écoulent, les Anglais sont chassés, et après plusieurs centaines d'années de silence dans la deuxième partie du dix-septième siècle, l'abbaye de St-Bertin réclame tout-à-coup du roi de France qui en jouissait paisiblement depuis les exploits du duc de Guise cette même terre de Guines qu'elle a toujours regardée comme sa légitime propriété.

Le N° 570 reproduit l'histoire de cette contestation. On y trouve cinq consultations et quelques mémoires sur la matière. — La première consultation a été délibérée à Paris, le 24 janvier 1661 : la demande de l'abbé de St-Bertin est déclarée mal fondée, à la suite de longs développements en faveur de la prescription. — La *seconde consultation* de la même date est relative à *la dîme du hareng* privilége exhorbitant et contraire à la liberté des mers, que l'abbaye de St-Bertin prétendait exercer sur la ville de Calais et lieux environnants; sans contester la validité du titre ancien, consumé toutefois dans l'un des incendies du monastère, les savants rédacteurs en regardent la prétention comme bien fondée mais malencontreusement renouvelée. — Les historiens de Calais ont publié des détails très intéressants sur cette fameuse dîme des harengs. — La *troisième consultation* a pour objet les groses dîmes de grains auxquelles l'abbaye de St-Bertin avait jadis droit à Guines et dans le Calaisis.

La *quatrième consultation* concerne les droits de partage de l'abbaye de St-Bertin sur les *pays reconquis et d'Artois*.

La *cinquième et dernière consultation* traite des beaux *Emphytéoses*, et le manuscrit est terminé par des modèles d'exploits de demandé à faire signifier pour la pêche des harengs et la jouissance de patronage de la part de l'abbaye de St-Bertin contre les matelots de Calais, de Gravelines, de Bourbourg et de St-Folquin.

N° 581. — *Privilégia Comitis Ghisnensis.* — Manuscrit sur papier, caractère du quinzième siècle, à longues lignes. — Petit in-4° contenant seulement 8 feuillets.

Voir sur cette matière l'histoire généalogique de la

maison de Guisnes, par André Duchesne ; ainsi que les histoires de Calais par Bernard et Lefebvre. — La bibliothèque historique du père Lelong. — Le spicilège de Luc d'Acheri. — Notice historique du Calaisis par Collet.

N° 112. — *Martyrologium Ghisnense.* — Manuscrit in-folio sur vélin, caractère du treizième siècle, à longues lignes tracées au stylet. — 143 feuillets. — Initiales en couleurs et ornées.

Ce manuscrit a été exécuté pour le monastère des bénédictines de St-Léonard à Guisnes érigé vers le milieu du douzième siècle, par *Emme*, veuve de Manassés, comte de Guisnes, laquelle en jeta les fondements dans le faubourg de cette ville, et mourut en odeur de sainteté. — Ce monastère a été détruit pendant nos guerres avec les Anglais. Ce martyrologe est précédé d'un Nécrologe ou Annuaire, sur lequel figure les premières notabilités de la contrée, et il est suivi d'un exposé de la règle de St-Benoit. — Ce manuscrit échappé aux désastres des invasions anglaises, est encore précieux par quelques notes chronologiques concernant plusieurs personnages célèbres du pays. — On y trouve plusieurs fragments de donations pieuses en langue française, portant date de 1330.

N° 161. — *Antiphonarium et Collectarium dominicarum monasterii Sti-Leonardi Ghisnensis.* — Manuscrit de 125 feuillets, petit in-folio sur vélin caractère du quatorzième siècle, lignes au stylet parfaitement tracées sur deux colonnes, orné d'une jolie miniature et de lettres initiales en belles couleurs et historiées, donné également à l'abbaye de St-Bertin, après la destruction de la communauté de St-Léonard.

Ces recueils de prières ou offices à l'usage de cette ancienne petite abbaye du pays reconquis ne sont pas sans utilité ; nous renouvelons nos vœux pour que les annales de Guines soient enfin plus amplement connues : « il n'est point d'endroit plus recommandable dans nos histoires. » (Bernard. *Annales de Calais*).

N° 822. — *Discours des troubles et séditions advenus en la ville d'Arras l'an* 1578. — Petit in-folio sur papier de 111 feuillets.

Cet ouvrage reproduit l'épisode des *Verds-Vêtus*, assez célèbre dans les troubles des Pays-bas. Nous le croyons encore inédit, mais le manuscrit n'en est pas rare. — Le père Lelong le mentionne au N° 38,977 de sa bibliothèque. — Le Petit-Annuaire du Pas-de-Calais de 1837 a publié sur ce dramatique sujet une chronique intéressante. — L'écriture du N° 822, est de la main de M. Visconti, avocat à St-Omer, avant la révolution. — La bibliothèque de Calais possède aussi quelques fragments d'histoire locale transcrits par le même amateur.

N° 836. — *Memoire pour servir à l'histoire de l'Artois*, de 1700 à 1744. — 145 feuillets, caractère du dix-huitième siècle.

Jean-Charles Visconti de St-Omer, avocat et échevin, grand amateur de l'histoire de son pays, est l'auteur de ce mémoire. On y trouve une série chronologique de faits principaux arrivés dans la province d'Artois pendant la première partie à peu près du dix-huitième siècle et quelques anecdotes curieuses.

N° 829. — *Recueil de chartes concernant la ville de St-Omer et ses environs*. In-8° sur vélin de 58 feuillets, caractères du treizième siècle, sommaires des chartes en encre rouge.

Ces chartes sont de 1127 à 1269. Celle de 1127 est la fameuse charte du 14 avril ; ce premier gage de liberté donné aux Audomarois ; « Ce monument, dont la date est d'une ancienneté remarquable dans la chronologie des constitutions communales. » (Rapport de M. Champollion-Figeac.) Elles sont suivies d'un exposé des droits du péage de Bapaume en date de 1273 écrit en vieux français, après vient un tarif dans un style plus vieux encore, des sommes dues pour coups et blessures inférés à autrui.

N° 828. — *Commentarius Parochorum Archipresbiteratus Audomarensis*. — In-folio de 200 à 250 feuillets écrits dans le dix-septième siècle.

Dans ce relevé des actes de l'administration du clergé de St-Omer, au temps de l'évêque Blaséus, on trouve encore quelques documents historiques qui ne sont pas dénués d'intérêt.

C'est un manuscrit important pour notre histoire ecclésiastique ; on y rencontre aussi quelques fragments de la fin des annales de Deneufville : on peut aussi consulter sur cette matière les n°⁵ 721, 487 et 830.

N° 564. — *Coutumes générales de Douai et d'Orchies*. — In-4° sur papier de 66 feuillets, caractères du dix-septième siècle à longues lignes, difficile à lire.

N° 753. — *Diplomata regum et comitum Flandriæ.* — Petit in-folio sur papier de 262 feuillets, caractère du seizième siècle, assez difficile à lire; à longues lignes.

Les Chartes contenues dans ce recueil sont infiniment précieuses assurément pour l'histoire de notre droit municipal, elles ont été communiquées à M. Augustin Thiérry qui a pu y puiser des documens utiles pour son important travail sur les communes de France.

La plus ancienne de ces chartes est celle de 1127 (Voir le n° 829), confirmée par tous les souverains qui ont possédé l'Artois, et qui a toujours été considérée comme le principal privilége des Audomarois jusqu'en 1789. Au mois d'août 1128, Thierry d'Alsace ajouta quelques nouveaux droits à ceux octroyés par son prédécesseur.

Cette seconde charte fut confirmée dans les mêmes termes en 1164 par Philippe d'Alsace.

Les originaux des chartes de 1127, 1128 et 1164 subsistent encore dans les archives de St.-Omer, boîte A. B. XIII. n.ºˢ 1. 2. 4. — Le n° 829 est préférable au n.° 753 pour la régularité du texte, mais comme la collection des chartes qui concernent St.-Omer a été imprimée en cette ville en 1739, collation faite sur les originaux, (n° 1139 des imprimés) c'est à l'ouvrage imprimé que nous conseillons d'avoir principalement recours, il faut consulter aussi sur cette matière la fin du tome 4 des mémoires de la société des antiquaires de la Morinie. — Assurément, il peut résulter de tout cela des lumières vives et capables de répandre du jour sur un grand nombre de points relatifs aux usages et à l'histoire de St-Omer.

Ces chartes qui ont été octroyées par les rois de France et les comtes de Flandre, de 1127 à 1520, écrites tant en latin qu'en français, sont déposées pour la plûpart dans les archives de la commune.

N° 787. — Recueil d'armoiries et d'épitaphes concernant la ville d'Arras. In-quarto de 167 feuillets sur papier. — Les armoiries sont enluminées, mais grossièrement faites en mauvaise couleur. — caractère du dix-huitième siècle.

N° 832. — Recueil d'armoiries et d'épitaphes concernant la ville d'Arras. — Petit in-douze de 255 feuillets sur papier cartonné. — Armoiries enluminées avec de mauvaises couleurs. — caractères du dix-huitième siècle.

« Nos anciens édifices religieux étaient remplis de monuments historiques et funéraires dont les inscriptions latines et françaises méritent d'être recueillies. » Assurément c'est un conseil bien louable que celui donné aux jeunes antiquaires de la Morinie par notre *bénédictin moderne* de rechercher avec un soin scrupuleux dans les recoins de nos vieilles cathédrales, sur les dalles presque effacées de nos églises et même dans les humbles cimetières de nos campagnes, les mentions mortuaires de nos ancêtres et de nos concitoyens renommés. « l'honneur des trépassés, c'est la louange. » C'est ce que pensait dignement le poète Simon Ogier, lorsqu'il composa après des investigations infinies, son pieux ouvrage sur les *Épitaphia* de son pays. Hélas! le temps passe avec tant de rapidité, et l'homme oublie si vite que si une main amie ne se hâte de consacrer quelques vestiges de notre passage ici-bas, notre mémoire court grand risque de s'évanouir entièrement dans un avenir peu éloigné. Et si l'égoïsme et l'indifférence ont pour auxiliaire l'époque des révolutions, cette appréhension ne doit-elle pas être encore plus vive....? Depuis la publication du livre de l'Audomarois Ogier, deux siècles et demi environ se sont écoulés déjà.... et alors que de noms pieusement inscrits sur la pierre du tombeau ont été à jamais rayés du livre de la vie! appliquons-nous donc à tirer d'un ingrat oubli toutes les inscriptions qui nous paraissent devoir figurer à un titre quelconque dans nos annales; si les temples saints ne nous offrent plus sous ce rapport qu'une médiocre moisson, attachons-nous aux documents échappés au plus inepte vandalisme et que nous pouvons consulter encore avec fruit dans nos bibliothèques publiques. « La destruction d'une grande partie des monuments religieux rend très-précieux les recueils d'épitaphes que les généalogistes ont dressés. » (Dufaitelle. Études sur le Pas-de-Calais) Les bibliothèque de Douai, d'Arras et de St-Omer en possèdent plusieurs qui méritent certainement d'être livrés à un examen approfondi. Nous ne pouvons nous livrer ici qu'à l'analyse sommaire de ces deux manuscrits.

On trouve dans le manuscrit n° 787 l'époque de la fondation du *Couvent de Sainte-Claire*, de l'*Hôtel-Dieu*, *de la maison des Cinq Plaies*, de l'*Hôpital St-Jean*, avec les armoiries des fondateurs. — Viennent ensuite les épitaphes et les armoiries d'un grand nombre de membres de la noblesse d'Artois, inhumés dans les couvents de *Ste-Anne*, *des Trinitaires*, *de St-Nicolas en Cité*, *de St-Nicaise*, *de St-Vaast*, *des Carmes*, *des Dominicains*, *dans la Cathédrale*, dans les Églises des *Récollets* *de St-Étienne*, *de St-Maurice*, *de St-Aubert*, dans les Chapelles de *St-Agnès-en-Cité*, *de la fondation de Louez-Dieu*, *de Ste-Magdeleine*, *de Ste-Croix*, *de la Ste-Chandelle*, *de N.-D. du Bon Ermitage*, *de St-Nicolas-les-Fossés*, *de St-Jean-Ronville* et dans celle dite *aux Jardins*.

Ce manuscrit est terminé par le tableau colorié des armoiries des Gouverneurs de la ville d'Arras, de 1360 à 1706, et des présidents du conseil d'Artois, de 1530 à 1640. — On voit aussi dans le manuscrit n° 832 les armoiries de plusieurs familles nobles de l'Artois et de divers établissements religieux de cette province; puis, le reste du volume contient des extraits relatifs à des armoiries consignées en de vieux livres appartenant à des couvents d'Arras; et en outre la description du Blason le plus accrédité dans les principaux royaumes de l'Europe.

Nous devons signaler comme ayant été inhumés *dans le cimetière de St-Nicaise* (manuscrit n° 787 f. 58. v.°) Pierre de Fenin, (artésien) *Prévost de la Cité* 1433, auteur des mémoires historiques sur le règne de Charles VI, qui viennent d'être réimprimés sous les auspices de la société de l'histoire de France; mademoiselle Dupont dans sa notice intéressante sur Pierre de Fenin a mentionné le fait peu connu de cette inhumation. — Dans l'Église *de St-Nicolas-en Cité*, en sortant de la Chapelle pour aller en la nef du côté du curé (même manuscrit f° 45) le chroniqueur *Jacques Duclercq, escuyer, sieur De Beauvoir*, et sa femme *Jeanne De La Chérie*, qui mourut le 20 de septembre 1503, on sait que le précieux manuscrit de cet écrivain est à la bibliothèque d'Arras. — Dans le chœur de la *Chapelle Ste Croix* (manuscrit n° 787 f° 109) Pierre de *St-Vaast, sieur de Bugny, vrai zélateur de l'honneur de Dieu, l'an* 1578 *contre les Verds-Vêtus*, dans le chœur de la Cathédrale, proche et dessous l'ange de cuivre, Louis de *Vermandois*, fils de Louis XIV et de la belle Lavalière. (Manuscrit n° 787. f° 40. — Manuscrit n° 832 f° 37 v° où on lit l'épitaphe entière du jeune Prince) — Ce comte de Vermandois était-il l'homme au masque de fer? « En 1786, il y a eu des ordres de la cour pour visiter son tombeau : l'exhumation s'est faite avec peu de formalités; on a trouvé le corps entier et bien conservé ; mais si le bruit qui se répandit alors qu'on trouva sur son estomac une plaque de métal, dans laquelle il y avait un papier renfermé, est fondé, cette découverte ne peut servir qu'à multiplier les conjectures» (dom Devienne.) Le *bibliophile Jacob* a-t-il dissipé toutes les incertitudes sur ce problème historique? après avoir réfléchi sérieusement sur son *masque de fer*, on peut affirmer au moins avec ce laborieux antiquaire que le fameux prisonnier de la Bastille n'était pas le fils naturel du grand Roi.

N° 754. *Des Forestiers, Comtes et Comtesses dn Flandre*, petit in-folio de 168 feuillets sur papier, caractère du seizième siècle à longues lignes, presque indéchiffrable. — Ce traité contient 143 chapitres, depuis Lydéric II jusques à Charles-Quint. Il est d'un intérêt majeur pour l'histoire de la Flandre; il a été rédigé en 1585 par Jean Ballin, religieux de l'Abbaye de Clairmarais, (histoire de Clairmarais page 171.)

N° 799. — *Promptuaire de tout ce qui est advenu plus digne de mémoire depuis l'an 1500*. in-18 sur papier, caractère du seizième siècle, à longues lignes, fort mal écrit. Ce recueil dont la chronologie s'étend de 1500 à 1589, renferme quelques documents importants pour les annales de notre arrondissement, entr'autres les récits détaillés des séjours divers de Charles-Quint dans la ville de St-Omer. On y trouve aussi plusieurs circonstances intéressantes sur la destruction de Thérouanne. — L'auteur de ce manuscrit est Jean Ballin, religieux de Clairmarais. — L'auteur y mit la date du 23 novembre 1585. Il est mentionné dans la *bibliothèque historique de la France*, sous le n° 18,464. (Histoire de Clairmarais page 169.)

N° 834. — *Notice historique sur la ville de St-Omer*, petit in-folio de 30 pages, composé en 1804 par le Général Vallongué, et envoyé à la bibliothèque de St-Omer par M. Allent (Biographie de la ville de St-Omer page 194). — Cette notice sur St-Omer dans laquelle l'auteur envisage la situation de la ville sous ses divers aspects, et particulièrement sous le rapport de ses moyens de défense, porte l'empreinte d'un style gracieux et correct, et d'une connaissance approfondie de la localité ainsi que des sites pittoresques qui nous entourent.

N° 838. — *Essai historique, topographique et statistique sur l'arrondissement communal de St-Omer* petit in-folio sur papier de 236 pages, écrit au commencement de ce siècle, par Pierre-Jean-Marie Collet. (Biographie de St-Omer. page 197.)

L'auteur a consigné consciencieusement, dans son *essai*, les diverses définitions étymologiques, et toutes les indications topographiques et statistiques qu'il avait recueillies sur les sept cantons de notre arrondissement, sans oublier Coulogne, son lieu natal, et la ville de Calais où il avait reçu sa première éducation. *Sa notice historique de St-Omer* n'est qu'un extrait de *l'essai*; la *notice historique de l'état ancien et moderne du Calaisis* etc. n'est aussi qu'une copie littérale de ce manuscrit, augmentée toutefois des communes du canton de Calais. — Le n° 838 nous a été fort utile pour les *petites histoires de l'arrondissement de St-Omer*.

N° 764. — *Vitæ sancti Wandregesili, sancti Winocci et aliorum*. — Petit in-folio sur vélin de 96 feuillets, caractère des neuvième et dixième siècles, à longues lignes et au stylet, lettres initiales en mauvaises couleurs.

Ce manuscrit qui a fait partie probablement d'une des plus anciennes bibliothèques de la Morinie, contient
1° *L'Office de St-Vandrille*.
2° *La Généalogie d'Arnould*, évêque de Metz.
3° *La Vie de St-Vandrille*, précédée d'une préface.
4° *La Vie de St-Ansberg*.
5° *L'Histoire de l'arrivée des Normands dans Sithieu*.

Ce dernier fragment, quoique d'une écriture très-serrée et un peu moins lisible, est peut-être plus ancien que les traités précédents, mais il a été rogné d'une manière déplorable par la barbare maladresse du relieur.
6° La *Vie de St-Winoc*.

Ce manuscrit qui est orné de plusieurs figures grotesques et lourdement peintes, a excité l'attention particulière de plusieurs savants diplomatistes. « D'après l'examen des calques exactement pris de plusieurs miniatures grossières renfermées dans ce volume, il paraît qu'effectivement on ne doit pas, a dit M. P. Paris à MM. les antiquaires de France (tome 3 des mémoires. 2me série) faire descendre en deçà du dixième siècle, l'époque de son exécution. Les guerriers normands armés de lances, la tête couverte d'un casque grossièrement conique, et le corps à moitié caché sous le diamètre d'un large bouclier rond, méritent l'attention des sculpteurs et des artistes. »

N° 769. — *Genealogia comitum Flandrensium.* — In-quarto sur vélin de 127 feuillets à longues lignes, lettres capitales en couleurs et ornées, caractères du quatorzième siècle.

Cette généalogie des comtes de Flandre est en 36 feuillets, elle commence en 792 et se prolonge jusqu'en l'an 1348. les noms des comtes sont placés en marge. — Nous croyons que cette généalogie est restée imparfaite, et que plusieurs feuillets ont été enlevés à la fin de ce manuscrit. — Il devait s'y trouver aussi *quelque récit d'une guerre en Flandre*; Dom Martenne y constata une lacune d'environ dix pages.

Ce manuscrit est attribué à Bernard, moine de Clairmarais, qui florissait au commencement du quatorzième siècle. Ayant été déposé à St-Omer à l'époque du siège d'Aire, ce volume fût communiqué en 1714 à Dom Martenne et à Dom Durand, par l'abbé Maillart, directeur de cette communauté, et peu d'années après, ce précieux fragment fut inséré dans le tome 3 du *Novus thesaurus anecdotorum.* Cet ouvrage est mentionné dans la *bibliothèque historique de la France* sous le N° 39357.

M. Wanrkœnig, ancien professeur à l'université de Gand, a examiné attentivement le N° 769; il allègue dans son *histoire de la Flandre* que ce manuscrit a été écrit vers 1213 et que c'est le plus ancien concernant la *généalogie des comtes.*

Voici ce que nous avons dit relativement au troisième fragment du manuscrit N° 746 « *genealogia Flandrensium comitum...* » Cette généalogie des comtes de Flandre est probablement la plus ancienne que nous possédions; elle s'étend de Baudouin-Bras-de-fer à la fin du règne de Thierry d'alsace; elle a été composée en 1172 par Guillaume de Lo; le manuscrit de Clairmarais N° 769, édité par Dom Martenne, l'a reproduite totalement et l'a continuée jusqu'en 1348. »

M. Warnkœnig n'a donc vû que la copie de cette ancienne généalogie. — Le moine Bernard n'est donc que le Continuateur de Guillaume de Lo. — Ce manuscrit est aussi cité par Dom Bouquet et hennebert.

D'après l'histoire de Clairmarais de Guislain Campion, le N° 769 n'est qu'une copie de l'ouvrage de Bernard d'Ypres, moine de cette communauté, lequel ne commença à écrire qu'en 1328, d'où il résulte que la généalogie dont il s'agit a été composée par trois auteurs,

Guillaume de Lo, Bernard, et le continuateur de ce dernier.

Cette *genealogia* se trouve consignée dans le tome 1ᵉʳ de l'importante publication du chanoine de Smet. — à la bibliothèque d'Angers, il se trouve une chronique de Flandre du quatorzième siècle. — Une autre à Lyon du même siècle. — Ce recueil historique et généalogique est presque généralement connu.

N° 522. — *Quelques traités sur les provinces de Flandre et d'Artois.* in-folio sur papier. — 79 feuillets écrits dans le dix-septième siècle.

Ce manuscrit renferme une longue dissertation apologétique des droits de la maison de Bourgogne sur diverses Comtés et Seigneuries, ainsi qu'un relevé explicatif et détaillé du mode de succession au comté d'Artois. L'ouvrage a été composé en 1480 par Jean d'Auffai de Béthune, maître des requêtes de Philipp-le-Beau; il est terminé par plusieurs notices sur les fiefs des villes de Béthune, Boulogne et de quelques cités voisines de la Flandre. Nous pensons que ce volume a été copié par Desmazure, commentateur des coutumes d'Artois. — Cet exposé des prétentions seigneuriales des anciens ducs de Bourgogne, se trouve reproduit dans la deuxième partie du manuscrit n° 749, plus complet et moins incorrectement tracé, sur papier en 53 feuillets, caractère du seizième siècle. — Ces traités ont été imprimés par Leibnitz dans son ouvrage intitulé *Mantissa codicis juris gentium diplomatici*. Hanoveræ, 1700. Jean de St-Romain, procureur du roi au parlement de Paris, en fit une réfutation par ordre de Louis XI, mais sa réponse est restée manuscrite à la bibliothèque des Missions Étrangères.

Jean D'Auffay qui fut aussi l'un des conseillers de Charles VIII, a composé encore d'autres dissertations sur les coutumes et usages des pays d'Artois, du Ponthieu et de l'Ostrevant. Il est cité avec honneur par Locre, Foppens et le père Lelong.

N° 751. — In-folio couvert en parchemin sur papier contenant 200 pages et intitulé : Recueil des pièces, titres, actes, instruments et autres mémoires pour servir à l'histoire du pays, ville et comté de St-Paul en Ternois, avec les généalogies des comtes dudit pays, les catalogues des abbés, et autres remarques curieuses concernant ladite histoire. — Les origines des ducs, comtes, vicomtes, chatelains, barons, banerets, pairs.

Thomas Turpin, l'auteur de ce manuscrit et des trois suivants, est né à St-Pol vers la fin du dix-septième siècle ; il entra, presqu'au sortir de l'enfance, dans le couvent des dominicains à St-Omer ; il y était profès en 1715, il ne quitta jamais cette paisible communauté et il y mourut selon toute apparence. Là, après avoir satisfait à ses devoirs monastiques, ses principales occupations étaient l'étude de la médecine et surtout les investigations de l'histoire locale. Pendant plusieurs années, ses loisirs furent employés à rassembler des documents sur St-Pol et ses environs, et il s'amusa ensuite à rédiger les annales du lieu de sa naissance.

M. Godefroi, gardien de la chambre des comptes, à Lille, lui offrit son appui avec toute la bienveillance possible ; « Il y a si longtemps, mandait-il dans sa lettre du 15 janvier 1724, que je souhaite de voir une histoire du pays d'Artois, que je verrai toujours avec plaisir les parties que l'on en composera... Je fournirai tout ce qui dépendra de moi. »

Thomas Turpin descendait-il de l'ancienne famille de ce nom, l'une des plus distinguées du pays, et qui remontait au chevalier Gilles Turpin dont la bannière parut avec éclat au tournoi d'Anchin, l'an 1006. On serait assez porté à le croire, d'après le soin qu'il prend d'abord de décrire minutieusement l'origine et les armoiries des diverses maisons de Turpin qui ont existé dans cette contrée. — L'auteur avait formé le projet de faire réimprimer la chronique de Ferry de Locre en augmentant toutefois cet ouvrage de pièces essentielles et d'en faire même une histoire générale et complète du comté. A cet effet, il adressa, de St-Omer, le 30 décembre 1707, un mémoire consultatif au magistrat de St-Pol, dans lequel il sollicitait l'envoi de documents et de secours indispensables, se flattant que son entreprise ne pouvait être jugée que d'une manière très-honorable, puisque son exécution donnerait aux uns et aux autres, disait-il, « la connaissance des belles qualités de la patrie et de son lieu natal. »

Après la généalogie des Turpin, on trouve, dans ce manuscrit, des notices sur *Orville*, *Pas*, *Crevecœur*, entremêlées de notes sur quelques familles nobles du comté, de listes de maires et de comtes de St-Pol. Puis, viennent des remarques sur le comté de St-Pol et les comtes de

Boulogne, des conjectures sur les armoiries de Tervane, une dissertation sur l'origine des comtes de Boulogne, un tableau chronologique des comtes de Ternois. La plupart de ces morceaux, quoiqu'extraits souvent d'auteurs connus, contiennent d'anciens documents intéressants pour l'histoire de St-Pol et de Boulogne, entr'autres la description du château de St-Pol avant le sac de 1537, ensuite l'attention s'arrête sur les armoiries de la ville d'Hesdin, sur un aperçu intérieur de la ville de St-Pol avant sa ruine dans le seizième siècle, sur le tableau détaillé de l'ancien doyenné de St-Pol, suivi de maints autres états statistiques du clergé de la contrée. Quelques-uns de ces fragments sont peut-être semblables aux mémoires historiques, sur St-Pol, indiqués par le père Lelong.

A la page 63 et suivantes, c'est une notice sur la maison de Créqui, une note sur Fromond, comte de Boulogne, une commission de François 1er pour informer sur l'état des ville et comté de St-Pol, avec les enquêtes qui s'ensuivirent, puis ce sont des fragments traduits de Malbrancq, sur le comte Walbert, bienfaiteur de St-Bertin, une petite histoire de la ville d'Hesdin, la fondation de l'abbaye de Blangy et du prieuré de Framecourt, des notes sur Heuchin et ses seigneurs, Auchy-les-Moines, une suite des comtes de Boulogne, un aperçu sur les rivières de la contrée, un mémoire sur la mouvance du comté de St-Pol, un relevé des titres du comté de St-Pol, de 1107 à 1546, retirés de l'hôtel de Longueville et transportés en celui d'Espinoy à Paris; ces titres sont très-importants pour les annales de ce comté. — Ce manuscrit est terminé par une petite histoire de la vie de Sainte-Berthe et de son monastère, à Blangy, par le récit de la fondation de l'hôpital, à St-Pol, en 1265, par un extrait des mémoires de dom Lepez, religieux de St-Vaast, sur l'église de Saint-Sauveur, à St-Pol, par une liste des anciens comtes d'Artois, avec leur origine, une autre liste des comtes de St-Pol, des pairs du comté, une série d'épitaphes de hauts personnages en plusieurs églises de St-Pol et à Cercamp, quelques particularités sur des Croisés fameux du comté de St-Pol, une évaluation dudit comté, et la fondation du prieuré de Ligny; on y trouve, en outre, diverses petites particularités sur l'histoire du pays.

N° 771. — In-4°, couverture en veau sur papier, contenant 287 pages et ayant pour titre : *Historia comitum santi-Pauli ad ternam ubi eorum successio, natabilia, genus, connubia, affinitates, bella, facinora, ditiones, jura, dignitates, obitus et encomia dilucide recensentur. Collectore Thoma Turpin Paulinate ord. prædicatorum Audomarensium. 1721*.

C'est le manuscrit autographe à quelques variations près, de l'ouvrage publié en 1731, à Douai, sous ce titre : *Comitum Tervanensium seuternensium annales historici*. Cependant l'imprimé est beaucoup plus complet que le manuscrit ; ce dernier est rempli d'additions et de notes supplémentaires qui prouvent que ce volume n'est que la première partie de l'histoire dont il s'agit. Elle est écrite en langue latine. « On ne doit pas la mépriser pour cela, disait M. Godefroy, l'archiviste de Lille; « au contraire, le débit en sera plus étendu, puisque l'auteur pourra la débiter dans les pays où le français n'est guères en usage. » Cette observation ne date que d'un siècle. On découvre, dans cette histoire des comtes de St-Pol, que la famille royale de Bourbon est issue du mariage de Marie de Luxembourg, comtesse de St-Pol, avec François de Bourbon, comte de Vendôme, en 1487. Le manuscrit est terminé par une notice sur le prieuré d'Encre, au diocèse d'Amiens. Le commencement et la fin du volume contiennent aussi des citations et des remarques de peu d'importance.

Depuis fort longtemps, Thomas Turpin, comme nous l'avons observé, avait formé le projet d'écrire l'histoire complète du comté de St-Pol. C'est ce qui résulte d'une note au bas de sa lettre du 30 septembre 1707, contenant une demande de renseignements au magistrat de St-Pol. M. le comte d'Humbecque s'intéressait vivement à cette publication. C'est à lui qu'écrivait M. Godefroy de Lille, le 15 janvier 1724. Il lui disait encore : « Vous « jugerez de là que je souhaiterais que cette histoire fût « assez étendue, et je la finirais en y ajoutant la coutume « locale et particulière de St-Pol qui est une pièce que « peu de gens ont, et une liste exacte des villages qui en « dépendent. » M. Godefroy attendait alors l'ouvrage de Turpin à la première occasion, et nous pensons qu'il s'acquit de justes droits à la reconnaissance de l'auteur. Ainsi que le constate notre n° 771, le premier travail de l'*Historia comitum sancti-Pauli* était confectionné en 1721. En 1726, il reçut, du magistrat de St-Pol, la somme de deux cents francs, insuffisante pour l'impression. Il sollicita un nouveau secours, le 12 octobre 1728. Sa lettre, à ce sujet, est très curieuse (*Le Puits Artésien*, t. 1, p. 561). Il y mentionne quelques travaux que nous avons énumérés au n° 751 et que son dessein était de faire aussi connaître ; les phrases suivantes ont encore un air d'à-propos : « Les imprimeurs de ce pays ne veulent entrer « en aucune dépense... — Il faut donc, messieurs du « magistrat, qu'en qualité de bons compatriotes, vous « m'assistiez par un supplément, afin qu'on voie votre « amour pour la patrie... » L'*approbation* des supérieurs de Turpin a été donnée à son livre, à Douai, le 23 mai 1729. —

N° 772. — In-quarto de 190 feuillets, sur papier, portant ce titre : *Mémoires pour servir à l'histoire et description des comté pays et ville de St-Paul en ternois*, manuscrit autographe du père Turpin, rédigé en 1730. — Ces mémoires sont restés inédits.

Cet ouvrage contient un discours préliminaire sur l'excellence des comtes de St-Pol — une notice sur les chatelains du comté de St-Pol — une description du comté de St-Pol — des tableaux de situation de la ville avant et depuis le sac de 1537 — une traduction des morceaux de Malbrancq relatifs à l'histoire de St-Pol — un tableau des armoiries de St-Pol, et d'Hesdin — un exposé des coutumes de St-Pol et des anciennes banlieues — la sénéchaussée, divers articles relatifs à la juridiction — L'institution du magistrat — la prévôté — une note curieuse sur les descendants de St-Hubert qui résidaient alors à St-Pol — des notices sur la fondation de l'abbaye de Ruisseauville, du monastère de Cercamp, de quelques prieurés, sur la ville de Pernes, sur Frévent, sur Pas, et diverses communes de la Châtellenie — une note sur le puits de Boyaval — un fragment sur l'origine de la ville d'Hesdin — des notes diverses sur le comté de St-Pol et plusieurs morceaux déjà produits dans le manuscrit N° 751.

N° 780. — In-quarto de 183 pages sur papier parfaitement copié, composé par le père Turpin en 1715 et contenant l'*Histoire de la fondation du couvent des Frères prêcheurs de St-Omer.* — Une copie exacte de ce manuscrit se trouve dit-on encore à St-Omer.

Les utiles travaux de Thomas Turpin s'étaient répandus et avaient porté sa renommée jusques à Rome;

un ordre de sou général ne tarda pas à lui faire un devoir de la rédaction des annales du couvent des Dominicains à St-Omer. — Plusieurs Polois dont s'honore à juste titre notre ancien clergé ont contribué à maintenir la réputation de cette communauté.

Turpin trouva les archives de ce monastère dans le plus grand délabrement; les calamités de la guerre et plusieurs incendies avaient occasionné la perte de la plupart des papiers précieux; le zélé compilateur ne se rebuta pas néanmoins et se livrant aux recherches les plus minutieuses, s'aidant des mémoires et des remarques de quelques uns de ses devanciers, il divisa son ouvrage en six parties; les deux première renferment la fondation du couvent hors des murs et sa translation dans la cité; la troisième s'occupe des personnages distingués des deux maisons; on trouve dans la quatrième l'état des confréries et des reliques de la communauté; la cinquième consiste dans une liste des principales sépultures qui se rencontrent dans l'église ou dans le cloître; enfin la sixième offre une succession chronologique de tous les prieurs de l'établissement. On peut puiser dans ce recueil de nombreux documents pour l'histoire de la Province d'Artois et surtout pour celle de la ville de St-Omer.

Selon M. Legrand de Castelle, antiquaire Audomarois. (Biogr. de la ville de St-Omer, p. 137. et 265.) Le père Turpin avait plus de zèle que de critique; écrivant avec une simplicité plus que chrétienne tout ce que des gens intéressés lui mettaient sous les yeux; il le reprimande sévèrement d'avoir, par quelque motif caché, interpolé des passages et des autorités pour faire croire plus facilement à l'existence des anciens comtes d'Hesdin. il est juste toutefois de remarquer que Hennebert est de l'avis de Turpin sur cette question, et que le jugement de Legrand de Castelle ne peut être considéré que comme un simple acte de controverse.

On trouve encore dans le tome 65 d'un recueil de pièces, N° 860 des imprimés de la bibliothèque de St-Omer, une longue dissertation en plusieurs parties sur l'origine des églises paroissiales et collégiale de la ville de St-Pol; cet opuscule est manuscrit et contient 56 pages; il est probable qu'il est aussi sorti de la plume du père Turpin. L'écriture est du genre de celle du manuscrit N° 751. — M. Dufaitelle, un des critiques les plus érudits de notre département, en rendant compte dans les *Archives du Nord* de l'histoire de St-Pol, par M. Sauvage, lui a reproché son silence à l'égard du laborieux Dominicain de St-Omer : « l'omission que je m'explique le moins est celle du nom de Thomas Turpin, Polois.... L'auteur le cite presque à chaque page; il le cite même nommément deux fois dans ses hommes remarquables et il ne lui vient pas dans l'idée de lui consacrer quelques lignes ..... » Quand ce bon religieux qui ne nous paraît pas indigne d'être plus amplement connu, en produisant ses notes, n'aurait fait que partager l'opinion de l'ancien archiviste de Lille qui disait que « pour ceux qui ne cherchent que pour leur simple curiosité, sans vouloir communiquer leurs ouvrages au public, c'est semer en terre ingrate.. » ne mériterait-il pas une petite place dans la biographie de l'artois?

N° 790. — *Histoire généalogique de la famille de Jauche*. — In-quarto sur papier — de 590 pages — à longues lignes — orné de belles armoiries enluminées — rédigé par dom Philippe Lambert, prédicateur général du couvent des Dominicains de St-Omer dans le siècle dernier.

On voit au frontispice de cet ouvrage les armes des princes de l'Ardenne Belgique ou de la Basse-Lorraine, de Bouillon et de Jauche dont la famille est celle des comtes de Mastaing, distinguée par son antiquité, sa bravoure et sa piété. — Cet histoire contient aussi un abrégé chronologique des alliances de cette maison, fière de ses ancêtres, de son beau nom, de ses armoiries et de ses vastes possessions.

Le manuscrit est terminé par quelques dissertations curieuses sur cette matière, en quarante chapitres, justifiées par chartes de diverses églises et abbayes, épitaphes et extraits des chroniqueurs connus.

L'auteur s'est attaché à faire valoir les avantages des recueils généalogiques, surtout lorsqu'il est permis de mettre en relief, sans altérer la vérité, la noblesse unie à la vertu.

N° 750. — *Cartularium folquini*. — Petit in-folio sur papier de 304 feuillets, caractères du 16 siècle, à longues lignes; petites lettres initiales en couleurs.

Folcuin, moine de St-Bertin, dit *le diacre*, issu d'une illustre maison de Lorraine, et en ligne directe d'un fils de Charles-Martel, vivait dans le dixième siècle. Il fut consacré à Dieu dans l'abbaye de St-Bertin, dès l'âge le plus tendre ; il y fit de grands progrès dans les lettres chrétiennes, et après avoir pratiqué constamment toutes les vertus de son saint état, il y mourut dans un âge peu avancé.

Ce moine est l'auteur du célèbre cartulaire qui porte son nom, le premier et le plus ancien cartulaire de la France. Il en commença la rédaction en 961 par ordre d'Adolphe II, 28.me abbé, à qui il en fit la dédicace, en lui protestant qu'il n'y rapporte rien que de très-avéré. Ce cartulaire est formé de diplômes, chartes, et autres monuments qui concernent le monastère de St-Bertin, le tout rangé par ordre chronologique, et éclairci par des observations fort judicieuses qui se reproduisent à chaque notice des abbés. La chronologie commence à la fondation du monastère, c'est-à-dire à l'arrivée de St-Bertin, et à la donation d'Adroald, et se termine en 961, vers la fin de la carrière d'Arnould-le-grand.

» Ces pièces sont d'autant plus précieuses qu'elles ont
« été transcrites avec la plus scrupuleuse fidélité. L'au-
« teur ne s'y est pas même permis de marquer les épo-
« ques par les années de l'incarnation, lorsqu'elles n'é-
« taient point désignées de cette manière, de peur que
« cette liberté n'en fît soupçonner de plus grandes, mais
« tout dans le recueil est rangé méthodiquement......
« (Biograp. univ. t. 15.)

Plusieurs copies du cartulaire de Folquin existaient dans la bibliothèque de l'abbaye de St-Bertin. Nous possédons encore les N.os 637, 577, 726 et 762 (N.os 750, 578, 819 et 735 de notre catalogue) — les N.os 722, 728 sont restés perdus. Heureux qui pourraient les retrouver! « peut-être ils s'attireraient, comme l'a dit M. Monteil, avec la reconnaissance de la France, les bénédictions du bon St-Bertin dont la naïve histoire est écrite dans ces cartulaires ». — On remarque un cartulaire de St-Bertin dans la collection-Gaignières et un autre cartulaire de cette abbaye parmi les manuscrits-Monteil. — Les N.os 721 et 724 se trouvent à la bibliothèque de Boulogne. — A la Bibliothèque d'Amiens on voit une *vita folquini*. Les douze feuillets non numérotés en tête du manuscrit N. 750, contiennent des hymnes et invocations à St-Omer et à St-Bertin par le même Folquin.

Le premier livre de Folquin qui commence à St-Bertin

se termine au feuillet 44 (chiffre répété deux fois par erreur.) — Le second au feuillet 121. Son récit cesse en 961 mais il a été continué sous son nom jusqu'en 1021.

Simon a été le premier continuateur de Folquin; il a poursuivi son travail jusqu'en 1145. Les trois livres de ce chroniqueur s'étendent dans notre manuscrit depuis le verso du feuillet 121 jusqu'au verso du feuillet 245. — Simon a constaté la série des manuscrits confectionnés par l'ordre de l'abbé Jean, en 1094.

On lit dans les annales de St-Bertin que deux autres religieux de ce monastère, ont aussi conduit cette chronique jusqu'en 1229.

Le cartulaire de Folquin a été l'objet des investigations sérieuses de plusieurs savants renommés. Mabillon en a publié des extraits, de Bréquigny en a fait une description raisonnée, dom Anselme Berthod de Bruxelles en a donné une description. — Ce cartulaire figure dans la bibliothèque du père Lelong, sous le N° 12361. — M. Mone le trouvait fort précieux et digne d'être publié.

Les *Annales Védastines*, manuscrit désigné par l'abbé Lebœuf, après une visite faite à la bibliothèque de St-Bertin, n'a jamais figuré sur le catalogue des manuscrits de cette abbaye. Il paraît que dans ces annales védastines il se trouvait des détails dont le chroniqueur Folquin n'a point fait usage.

Le bulletin de la société de l'histoire de France, (tome 2 P. 170, séance du 4 mai 1835) mentionne ce qui suit:

« M. Guérard offre au conseil de se charger de pu-
« blier, plus ou moins prochainement, pour la société,
« le cartulaire, manuscrit de Folquin, fort important,
« et presqu'entièrement inédit, écrit vers 960 par un
« moine de St-Bertin, offrant un recueil de chartes et
« le récit d'événements principalement relatifs à cette
« célèbre abbaye. Il en existe à la bibliothèque royale
« une copie que M. Guérard a collationnée avec les ex-
« emplaires des bibliothèques de Boulogne et de St-Omer.
« Ce cartulaire des plus anciens et des plus authentiques
« est très connu, mais n'ayant encore été publié que par
« lambeaux, il pourrait être réimprimé et formerait les
« deux tiers d'un volume in 8°. » — Cette publication se poursuit depuis lors sous les yeux de M. Guérard, et l'on a l'espoir qu'elle sera comprise dans la collection des documents inédits.

D'après le rapport de M. Champollion Figeac du 22 février 1837. M. Claude a partagé son temps entre l'examen critique de pièces diverses, et la rédaction des notes latines pour le texte du cartulaire de St-Bertin.

La bibliothèque de l'école des chartes a annoncé la publication prochaine du cartulaire de Folquin.

N° 723. — *La Toison d'Or.* — Manuscrit sur papier — grand in-folio de 152 feuillets — caractères du 15° siècle à deux colonnes — lettres initiales en couleurs — orné de trois miniatures peintes en or et en couleurs — quelques feuillets un peu endommagés par l'humidité.

L'ordre de la Toison-d'Or fut institué à Bruges, sous l'invocation de Philippe-le-Bon, duc de Bourgogne, le 10 janvier 1430, lors de son mariage avec Isabelle de Portugal; la charte d'institution est du 27 novembre 1431. Cet ordre illustre, aujourd'hui le plus ancien ordre militaire de l'Europe, s'établissait à l'époque où la sublime Jeanne d'Arcq, qui avait ranimé, parmi nous, l'esprit de la chevalerie, était tombée elle-même entre les mains de ceux qui étaient alors les implacables ennemis de la France. Cette martiale institution devint, comme on sait, la cause d'une infinité de tournois. Les 6° et 10° chapitres généraux de cet ordre, considéré jadis comme un *Ordre sacré et suprême*, se tinrent dans l'abbaye de St-Bertin, le 17 novembre 1440, et le 2 mai 1461. Au chapitre de 1440, furent créés chevaliers: Charles, duc d'Orléans, (1) Jean duc de Bretagne, Jean, duc d'Alen-

(1) La délivrance de Charles d'Orléans, prédite par Jeanne d'Arcq, s'était en quelque sorte merveilleusement accomplie pour la prospérité de la France. Le prince, si longtemps captif, et le duc de Bourgogne, étant venus loger alors à St-Bertin, cette abbaye se trouva bientôt remplie par une multitude de chevaliers et de seigneurs qui en firent un séjour de fête et de plaisir pendant la pompeuse célébration des noces si tutélaires..... « C'est là que fut sanctionné le traité de paix convenu entre les deux princes. On se rendit pour cela dans l'église de St Bertin. Les ducs entrèrent dans le chœur et là fut apporté le traité qui fut lu à haute voix en latin et en français par M. Jacques Triançon, archidiacre de Bruxelles...... C'est là que le vaillant seigneur de Haubourdin, toujours célèbre dans la mêlée tint la manche de la mariée en qualité de chevalier d'honneur.

La réconciliation des puissantes maisons de Bourgogne et d'Orléans est suffisamment connue. — Le pur Louis XII, le chef des troubadours de l'époque, resta quelques jours à St-Omer, dans cette douce et brillante circonstance.

Ce prince dès sa plus tendre jeunesse s'appliqua aux lettres; il

çon et Mathieu de Foix, comte de Comminges. — Les promotions svivantes furent faites au chapitre de 1461: Jean II, roi d'Aragon, Adolphe-le-Jeune, duc de Gueldres, Philippe Pot, seigneur de la Roche-Notay, Louis de Bruges, seigneur de Gruthuse, et Gui, seigneur de Roye.

Il y eût 23 chapîtres de la Toison-d'Or, et l'on compta 529 chevaliers, jusqu'à l'avénement de la maison de Bourbon au trône d'Espagne.

Le roi d'armes de cet ordre s'appelait simplement *Toison d'Or*. C'était un titre fort envié; il donnait droit à l'entrée dans les conseils de guerre.

L'historien Jean Lefèvre de St-Remy, fut le premier revêtu de cette dignité. — Cet ordre fut le sujet d'une infinité d'écrits en prose et en vers; ses archives sont

---

s'exerça à la poésie et à l'éloquence. Les lettres, à leur tour, lui fournirent un amusement dont la douceur diminua beaucoup les amertumes qu'il eut à essuyer dans le cours d'une vie fort traversée. »

Le recueil de ses ouvrages est un monument précieux pour l'histoire de la poési française.

Le musée Britannique, la bibliothèque royale et celle de l'arsenal possèdent des manuscrits des poésies de Charles d'Orléans, inconnues à Boileau. — Le N° 116 des manuscrits de la bibliothèque de Grenoble indique un recueil de poésies latines d'Astesan, secrétaire de Charles d'Orléans, XV siècle, contenant de jolies poésies françaises de ce prince, traduites par son secrétaire.

Ce prince avait fait des efforts inouis pendant sa captivité pour rentrer en possession des livres de la bibliothèque de Charles VI, que Bedfort avait acquis pour une somme modique et qu'il avait envoyés à Londres, mais il n'en put guère racheter audelà d'une cinquantaine.

La résidence du Duc d'Orléans à St-Omer est du commencement de novembre 1440. — aucune de ses œuvres manuscrites ne se trouve dans les bibliothèques de St-Omer, d'Arras, de Lille et de Cambrai; mais le curieux et savant *Liminaire des librairies des fils du roi Jean* nous apprend que Charles d'Orléans rapporta d'Angleterre en 1440 cinquante-six volumes, français pour la plupart, et provenant selon toute apparence de la librairie du Louvre, et que la récapitulation de ces précieux débris, premiers fondemens de notre bibliothèque nationale, fut faite alors dans la ville de St-Omer.

Cet inventaire a été effectivement dressé à St-Omer le 5 décembre 1440 par Maître Hugues Peirier et Étienne Legont, secrétaires du duc d'Orléans

L'original de cet inventaire repose à la bibliothèque royale à Paris, et contient cinquante et quelques articles, parmi lesquels nous n'avons remarqué, sousle rapport historique, que les ouvrages suivants: *Las Chroniques Martiniennes.* — *Généalogie des rois de France.*

maintenant à Vienne. Parmi ses chanceliers paraissent deux abbés de St-Bertin : Guillaume Filâtre et Jean de Launoy. Les gages de cet office étaient de 360 livres de 48 gros. On cite, comme les principaux écrivains de son histoire, Julian de Pinedo y Salazar, Jean Lefebvre de St-Remy, Guillaume Fillatre et Antoine de Berghes, abbés de St-Bertin, l'Audomarois Josse Carton, le bibliothécaire Guilmot, et surtout le baron de Reiffenberg. — Voir les manuscrits de la Bibliothèque du Roi, par P. Paris N° 6804.

La première vignette de notre manuscrit, entourée d'une bordure très-variée en or et en couleur, représente la tenue du onzième chapitre de la Toison d'Or, à Bruges le 8 mai 1468, par un dimanche. Le duc, Charles-de-Bourgogne le préside ; il est assis sur un siège élevé et, surmonté d'un dais, au milieu de douze chevaliers (1) devant une table longue, recouverte d'un tissu blanc, et sur laquelle sont placés deux exemplaires des saintes écritures richement reliés ; aux extrémités de cette table se tiennent encore deux chevaliers dans un pieux recueillement ; de l'autre côté, un vénérable prélat est debout les regards tournés vers les cieux, et s'apprêtant à montrer dans un gros volume qu'il presse contre son cœur, les statuts de l'ordre à un noble récipiendaire qui pose à une petite distance, prêt à prononcer la formule consacrée. Le costume de l'auguste assemblée est uniforme mais brillant et somptueux ; l'appartement est en rotonde, et reçoit le jour par six croisées. Ce tableau est grave et digne d'attention.

On découvre dans la seconde vignette, Philippe-le-Bon instituant l'ordre de la Toison d'Or. Ce puissant prince est sur son trône, le sceptre à la main, et toute ses pensées sont pour Isabelle de Portugal qui s'avance vers lui avec majesté.

Sur la troisième vignette apparaît une espèce de Jason monté sur un coursier belliqueux, et armé de toutes pièces à la manière des chevaliers de la Toison d'Or.

L'écriture de la première moitié du manuscrit est

---

(1) Ce nombre est toujours celui des membres de l'ordre : le dernier chevalier décédé est M. de Talleyrand. — Les chevaliers de la Toison d'Or revivent parmi nous dans les fêtes historiques. récemment, le *Jason* a reparu radieux dans la *gloire de Philippe-le-Bon*.

beaucoup mieux soignée et surtout plus lisible que la deuxième; — Ce manuscrit provient de l'abbaye de St-Bertin, N° 599, on voit qu'il a appartenu à un nommé *Guillaume* natif de Flandre et demeurant à Tournai.

Guillaume Fillatre est l'auteur de ce précieux ouvrage; ce sont ses traits que l'on a voulu conserver, sous ceux du prélat officiant dans le chapitre de Bruges. Les figures des deux derniers ducs de la maison de Bourgogne traduites par un pinceau contemporain, le costume de la princesse de Portugal et des dames de sa suite, sont aussi fort remarquables. (1)

Parmi les manusc. de la bibliothèque de Lille, on trouve *l'Ordre de la Toison d'Or* manuscrit du 16.⁰ siècle — *Recueil des chapitres et festes de la Toison d'Or*, — et dans les manuscrits de la Bibliothèque d'Arras : *Mémoires de l'ordre de la Toison d'Or* manuscrit du seizième siècle. — *Armes de la Toison d'Or* manuscrit du dix-septième siècle. — Voir encore le paragraphe XII de notre N° 746 t. 1.ᵉʳ et le N° 816. XXXIX.

N° 698. — *Vita Sancti-Audomari*. — Petit in-folio sur vélin, de 67 feuillets, à longues lignes — lettres tourneures historiées et grossièrement peintes en or et en mauvaises couleurs. — 20 figures de différentes grandeurs concernant la vie de St-Omer, dont plusieurs coloriées sur un fond d'or bruni — puis quelques autres desseins peints aussi en mauvaises couleurs ou seulement esquissés à la plume — ensuite des espaces disposés pour d'autres figures. — Caractères du huitième siècle d'après M. Aubin, du douzième siècle seulement selon divers diplomatistes, qui lui trouvaient trop de correction dans l'exécution des lignes pour être d'un siècle aussi reculé. « L'écriture en est d'une grande ancienneté, et sur les pages coloriées on trouve des figures d'hommes dansants qui par leurs gestes, l'arrangement de leurs draperies et le style du dessin, rappellent exactement celles que vous voyez peintes sur les poteries Grecques. » (Rapport de M. Vitet. — Variétés historiques sur la ville de St-Omer, P. 8.) L'écriture en est parfaitement lisible; elle se com-

---

(1) L'histoire du noble ordre de la Toison d'Or par Guillaume Fillastre a été imprimée à Paris en 1530. 2 In-folio. Il est question de Guillaume Fillastre dans Sanderus, dans le voyage littéraire, dans les manuscrits de la bibliothèque du roi (P. Paris. t. 1.) dans les histoires de la Toison d'Or, au Tome XIV de la biographie universelle, et surtout dans les monuments de l'abbaye de St-Bertin.

pose presqu'entièrement, comme celle depuis le cinquième siècle environ jusqu'à Charlemagne, de grandes lettres dites Capitales, dans le genre des majuscules qui figurent sur les titres de nos livres imprimés, terminées carrément par le haut, solides, simples et sévères; Les lettres plus petites quand on les employe, participent de ces mêmes caractères. — Vers la fin de cette vie de St Omer, on rencontre des faits qui se sont passés dans le neuvième siècle.

Ce manuscrit qui passe avec raison, sinon comme le plus ancien, du moins comme le plus précieux de notre collection, provient de la cathédrale, sans être toutefois *l'original* perdu sans doute depuis un temps immémorial, de l'ouvrage qui a servi aux rédacteurs des *Vies des Saints* pour augmenter si glorieusement leur intéressante légende. C'est une *copie* presque littérale du manuscrit de Corbie et imprimé par fragments dans divers recueils. — Les chanoines de Thérouanne avaient emporté à Boulogne et à Ypres quelques manuscrits de leur ancienne bibliothèque. La *Vie de St-Omer*, connue sous le nom de *Manuscrit de Thérouanne*, ne subsistait plus depuis plusieurs siècles.

La vie de St Omer se trouve dans divers hagiographes, dans le recueil des historiens de France, dans celui des Bollandistes, dans les annales et les actes de l'ordre de St-Benoit, dans les missels, dans plusieurs manuscrits de la Belgique, dans les manuscrits de notre Bibliothèque N° 60 (Le missale audomarense, le plus beau de nos manuscrits) 215, 185, 479, 570, 699, 724, 732, 746, et 814, dans un manuscrit de la bibliothèque de Boulogne, dans la biographie universelle, dans l'office de St-omer, par l'abbé Bailly.

De la grande école de Luxeuil sortirent St-Omer, St-Bertin et saint Amand, ces trois apôtres de la Flandre. —

« Les premiers Evêques chrétiens de la gaule avaient été naturellement ses premiers apôtres, par conséquent des étrangers »

St-Omer a été bien réellement le patron d'une partie de la Flandre; il confirma l'établissement du christianisme dans la Morinie; il était aussi appelé Evêque de Boulogne à cause de la résidence qu'il fit dans cette ville. Il tenait pour la ressemblance avec St-Rémi. On voit aujourd'hui dans une magnifique chapelle de Notre-Dame son portrait sur verre colorié de Stalars. — On le représente avec un physique très-avantageux. Il était en effet d'une belle prestance et son visage avait quelque chose de noble et de majestueux. Ses traits annonçaient plutôt la douceur que la gravité. Il avait le nez médiocrement long et un peu voûté; ses mains et ses doigts étaient d'une certaine étendue, mais bien proportionnés. Son front portait les caractères de la modestie et de la candeur. Quoique un peu maigre, il avait une tournure très-gracieuse, surtout lorsqu'il était revêtu de ses habits pontificaux.

Vingt figures coloriées ornent ce beau manuscrit. En voici les sujets :

Friulphe et Domite. — Le Roi Dagobert assis sur son trône et donnant à St-Omer les insignes de l'évêché de Thérouanne. St-Omer prêchant les Morins. — St-Omer prêchant étant malade un jeune imprudent. — Périls du jeune homme, son repentir. — La croix de Journi. — Baptême d'Adroald, nu jusques à la ceinture. — Adroald fait donation de sa terre héréditaire de Sithieu à St-Omer. Les premiers travaux de St-Omer y sont retracés ainsi que le costume d'Adroald. — Arrivée de St-Bertin et de ses compagnons. — La Barque de St-Bertin. — Miracles de St-Omer. l'eau jaillit d'une source pour le baptême. — Il rend la vue à un enfant aveugle. — St-Omer aveugle et à l'heure de la mort fait sa dernière prière. — St-Bertin pleurant préside à l'inhumation de St-Omer. — On cherche à ouvrir le tombeau de St-Omer. — Nous possédons de nombreux matériaux sur la vie du saint patron des Audomarois, noble et digne sujet qui mériterait un ouvrage spécial.

N° 814. — *Audomari sancti et Bertini sancti vitæ.* — Manuscrit provenant des archives de l'abbaye de St-Bertin, sur papier, contenant 312 feuillets, tracé dans le dix-septième siècle, in-quarto. — Voir sur le même sujet le N° 749.

Diverses pièces curieuses pour notre histoire sont renfermées dans ce volume ; nous allons les indiquer aux amateurs.

— *Vita sancti Audomari anonymo anctore circa sæculum nonun florente conscripta, ex manuscripto ecclesiæ cathedralis Audomarensis.*

— *Vita sancti Audomari metro composita et excerpta ex libri manuscripto argentes ecclesiæ cathedralis anno 1630.*

— *Vita sancti Audomari* metro composita et excerpta ex libro manuscripto argenteo ecclesiœ Cathédralis anno 1630.

— Vita sancti Audomari metro composita ex codice etiam cathèdralis ecclésiæ.

— *Vita sancti Audomari* anonymo auctore circa sœculum duo decimum.

— *Vita sancti Audomari*. (sexta et postrema : la deuxième se trouve omise) anonymo autore in sœculo décimo tertio).

Ces vies du saint fondateur de la ville de St-Omer dans lesquelles les panégyristes pourront puiser de nombreux détails, sont terminées par quelques poésies sacrées sur son culte, (Voir sur ce sujet *la vérité de l'histoire de l'église de St Omer*, par de Bonnaire.)

— *Vita métrica sancti Bertini in eodem tempore probabiliter conscripta*.

— *Vita sancti Bertini* folcardo Sithiensi monacho autore..... C'est une copie de l'ancien manuscrit N° 732 de l'abbaye.

— *Vita sancti Bertini* Simone abbate metricé composita...... Cette pièce faisait partie du manuscrit N° 723 de St-Bertin non retrouvé et intitulé : *Cartularii Simonis Apographum*.

— *Vita sancti Bertini* ex folquino, Simone et Ipério compilata.

— *De miraculis sancti Bertini*.
— *De cultu sancti Bertini*.

Ces vies du premier supérieur du monastère de Sithieu sont également terminées par des hymnes et invocations pieuses; son épitaphe en distiques élégants mérite d'être signalée.

— *Vita sancti Mummolini*.
— *Vita sancti Ebertramni*.
— *De sancto Walberto Arkarum Comite*.
— *De beato Dodone*.
— *Vita sancti Winnoci* ab autore anonymo in un décimo sæculo.

Tous les morceaux de ce recueil ont été transcrits d'après des manuscrits fort anciens dont la plupart sont à jamais perdus — Le manuscrit est terminé par des tableaux hagiologiques de la main de Charles Dewhitte.

N° 216. — *Hugonis à sancto Victore sermones.* — In-folio sur vélin de 127 feuillets, caractères du douzième siècle sur deux colonnes, lettres capitales en couleurs. — A la suite des sermons, viennent la *chronique de Hugues de St-Victor*, et celle de Clairmarais, tracées sur plusieurs colonnes (en 39 feuillets). — Dans la chronique de Hugues de St Victor, « ce ne sont que des listes de noms « de patriarches, rois, empereurs, souverains ponti- « fes. La chronologie de ceux-ci est ce qu'il paraît y « avoir de plus important. »

Ce manuscrit ayant été confié aux bénédictins de la congrégation de St-maur, ils insérèrent dans le tome 3 de leur Thésaurus novus anecdotorum la chronique de Clairmarais sous ce titre: *Breve chronicon Clarimarisci.* La chronologie s'y étend de 1098 à 1286, elle a été reproduite dans le tome 13 *du recueil des historiens des Gaules*, mais là elle ne va plus loin que l'année 1179 à l'époque du sacre de Philippe-Auguste. Dans le manuscrit au contraire elle ne s'arrête qu'en 1317.

Comme cette chronique n'offrait rien de remarquable et seulement quelques dates de faits notoires, elle avait échappé d'abord à nos investigations, mais heureux de cette nouvelle découverte, nous démentons positivement notre première assertion. (Histoire de l'abbaye de Clairmarais. P. 172. —)

N° 800. — *Recueil des plus mémorables faits et gestes de l'Empereur Charles-Quint.* — In-18 sur papier de 250 feuillets, à longues lignes, correctement tracé, mais peu lisible.

Ce recueil a été composé en 1561 par François-Jacques Vignon, religieux de l'abbaye de Clairmarais. Le prieur Dutaillis en a fait un pompeux éloge au commencement du volume.

Ce manuscrit offre un panégyrique presque continuel de Charles-Quint. Il commence à son avènement à l'empire, et se termine après le récit de la bataille de Gravelines. La moitié de cet ouvrage est relative aux différentes guerres que Charles-Quint entreprit contre les Turcs et les Sarrasins. Les chapitres les plus curieux pour les Audomarois sont ceux qui ont pour titres: La Journée de Pavie, Le siège de Boulogne, la destruction de Thérouanne, Les prises d'Hesdin, de St-Pol, de Montreuil, la bataille de Gravelines.

N° 738. — *Vita Sancti Bertini*. — Petit in-folio sur vélin, caractère net du 14° siècle, à longues lignes et au stylet, lettres capitales en couleurs, dont plusieurs de grande dimension sont entourées de fort jolis dessins—59 feuillets ; n° 634 du catalogue de St-Bertin.

L'auteur de cette *Vie de St-Bertin* est resté ignoré, mais il était contemporain de l'illustre fondateur du monastère de Sithieu. Tous les miracles attribués à St-Bertin, de son vivant, ou par la vertu de ses reliques, y sont scrupuleusement relatés. On y trouve des documents curieux pour l'histoire de l'abbaye, jusqu'à la fin du douzième siècle, entr'autres sur les invasions des Normands. La guérison de la comtesse Atala, épouse d'Arnould-le-Grand, y est positivement constatée. — Le manuscrit 746 du 12° siècle, décrit formellement ce fait historique (Voir encore le n° 819 et divers manuscrits. Manuscrit n°815, p. 216. — Var. histor. sur st Omer. p. 23.) — l'archiviste Guillaume Dewhitte a laissé aussi quelques notes ; celle-ci tracée en 1609 démontre qu'il y a deux siècles notre sol avait encore la réputation d'être encore bien marécageux : *Liber sancti Bertini in sithieu Paludosa*.

Les manuscrits N°s 773 et 819 qui ont des titres semblables au N° 738 traitent aussi spécialement en quelque sorte de la vie de St-Bertin, et des fragments plus ou moins longs de cette vie se rencontrent encore dans plusieurs autres de nos manuscrits N°s 479, 724, 746, 788, 814, 816. — Son portrait est également reproduit dans quelques uns de ces monuments antiques, et la plus vraisemblable de ces effigies se trouve dans le manuscrit N° 698. La vie la plus ancienne de St-Bertin d'un auteur connu a été écrite par Folcard dans le XI siècle. Toutefois, le moine *Megenharius* avait composé dès l'an 869 des hymnes en l'honneur de St Omer et de St-Bertin — *Tribuens* est l'anagramme de *Bertinus* et offre une juste application de sa vie. En effet, il agit toujours comme le digne coadjuteur de St-Omer et fut un des principaux auteurs du rétablissement du christianisme dans le pays des Morins. — Il termina son évangélique carrière le 5 septembre 698 dans le sein de sa communauté qu'il édifiait par sa vertueuse conduite depuis ciquante huit ans. — Sa biographie a été rétracée dans une foule d'ouvrages imprimés, sans parler des annales des Bénédictins, des Bollandistes, et des divers hagiographes. Ouvrez la Gallia Christiana, la biographie universelle et la foule des dictionnaires historiques, et vous

verrez toujours son nom mentionné avec la plus haute considération. « La vie de St-Bertin peinte sur des fe-
« nêtres de bois qui couvrent le rétable n'a pas de prix.
« On dit que le fameux Rubens s'offrit de la couvrir de
« louis d'or si on voulait la lui donner, et d'autres en ont
« offert davantage. » (Voyage littér. t. 1. 2me p. p. 184.)
Nous regrettons encore que nos poètes latins du 16me siècle n'aient pas appliqué leur talent à l'éloge de St-Bertin.

« Il est vrai que dans le même siècle, Pierre Dupont
« de Bruges, littérateur alors fort connu, avait déjà fait
« paraître à Paris, en 1510, un poëme en vers latins en
« quatre livres intitulé *Bertinias*, ou la vie de St-Bertin. »
Dans cet ouvrage où le profane est mêlé avec le sacré à chaque page, on voit l'énumération des importans travaux de St-Omer et de St-Bertin, lors de la conversion des Morins..... L'auteur célèbre avec enthousiasme et quelquefois avec talent son héros.

Arthesiæ Bertinus honor et gloria gentis.

Notre contrée reconnaissante n'a pas encore cessé de ratifier le jugement du littérateur Belge. Le *Bertinias*, devenu fort rare, se trouve à la bibliothèque de St-Omer, N° 2403 des imprimés. — A la suite de ce poëme l'on voit 17 feuillets d'un autre ouvrage sur le même sujet *Tractatus florarii Sithieu Cænobii*, manuscrit du quinzième siècle, caractères corrects mais d'une lecture difficile. — Il fut donné à l'abbaye de St Bertin et catalogué par Guillaume Dewhitte en 1632.

N° 773. — *Vita sancti Bertini per Folcardum*. N° 730 du catalogue de St-Bertin — petit in-quarto de 128 feuillets sur papier, caractère du seizième siècle, à longues lignes, nettement tracées.

Folcard était religieux de St-Bertin dans le onzième siècle. Il étudia dans ce monastère avec tant de succès qu'il ne tarda pas à acquérir un grand fonds d'érudition. Après avoir fait preuve de son habilité dans les lettres par divers écrits qu'il composa tant en prose qu'en vers, Guillaume-le-Conquérant l'ayant appelé en Angleterre presqu'ausitôt qu'il se fût emparé de cette île, lui confia le gouvernement de l'abbaye de Tornhil. — Folcard a produit des ouvrages fort estimés. — *La vie de St-Bertin* passe pour être la première de ses productions. Il y travailla vers l'an 1065 et dédia son œuvre à l'abbé Bovon sous l'administration duquel il avait été élevé. Cette vie de St-Bertin a été insérée dans le tome 3 du recueil des actes des bénédictins et Mabillon qui en fesait du cas y a joint des observations et des notes. Malbrancq a porté également un jugement avantageux de cet auteur, et a cité plusieurs fois les monuments littéraires de la vie de St Bertin.

Selon le père Lelong, la vie que Folcard a écrite de St-Bertin est fort mal faite et manque d'autorité.

Les Bollandistes ont publié dans leur grande collection une vie de St-Bertin écrite par Folcard. Les éditeurs ont trouvé pour ce morceau d'importantes explications auprès de Dom Cléty Bibliothécaire de l'abbaye qui s'empressa de leur procurer une copie du véritable ouvrage de Folcard, faite sur deux manuscrits du monastère; ils purent aussi discuter sans difficulté ce qui regarde cette vie et son auteur, et relever une méprise qui consistait à avoir attribué à Folcard deux vies de St-Bertin, l'une plus courte, l'autre plus étendue, quoiqu'il soit certain qu'il n'en a écrit qu'une. Dom Mabillon ayant en mains le véritable ouvrage de Folcard, et trompé par le texte obscur et embarrassé de cet auteur, a cru qu'il promettait de donner une vie plus étendue de St-Bertin dans l'endroit de son épilogue où il promet seulement une plus ample relation de ses miracles. Ce que Mabillon n'a pas jugé à propos de publier consiste dans la plus grande partie de l'épitre dédicatoire, les premiers mots de la préface et du prologue, et ceux du commencement de la vie avec une partie de l'épilogue. C'était la vie la plus courte. Par la seconde et la plus ample, il a entendu celle qui figure dans les annales bénédictines et qui n'est point sortie toutefois de la plume de Folcard.

Le manuscrit N° 773 contient des détails très-intéressants sur l'origine de la ville de St-Omer. On trouve ces mots sur le premier feuillet *Manuscrit satisbonæ notæ*; Cependant cette vie de St-Bertin est incomplète : l'épitre dédicatoire à Bovon et les trois premiers chapitres manquent. — Elle ne comprend au reste que 20 feuillets du manuscrit. — L'œuvre historique de Lambert d'ardres sur le comté de Guisnes vient ensuite en 92 feuillets, et s'étend jusques au 94me chapitre au comte Arnould II.

Le manuscrit est terminé par 17 feuillets d'une écriture vraiment indéchiffrable, sur une matière ascétique, fort endommagés et où manquent le commencement et la fin. — Qu'est devenu le vrai manuscrit de Folcard dont s'est servi le savant Mabillon ? La vie de St-Bertin par Folcard était portée au catalogue des manuscrits de l'abbaye sous le N° 732, manuscrit non retrouvé. — Le N° 638 de cet ancien catalogue ayant pour titre : *Vita sancti Bertini et varia opera* se trouve actuellement à la bibliothèque de Boulogne ainsi que le N° 125 ayant pour titre : *Vitæ sancti Audomari et sancti Bertini* in-quarto — une *Vita sancti Bertini* dixième siècle, vélin, 158 feuillets, était inscrite au Catalogue — Lammens. On voit également sur l'ancien catalogue l'ouvrage suivant : *Folquini Labiensis Vita sancti Bertini in prosa et versus*, mais il est faussement indiqué sous le N° 588 et nous ne savons pas davantage quelle a été sa destinée. — Le N° 657 des manuscrits de la bibliothèque d'Arras porte aussi ce titre : Vita sancti Bertini. In-folio. 16 siècle.

N° 739. — *Chronica Ipérii, sive historia monasterii sancti Bertini.* — Petit in-folio, sur vélin, de 212 feuillets, exécuté en 1405 par pierre Bourgois, religieux de St-Bertin, écrit à longues lignes, lettres initiales en belles couleurs et ornées. — Ce manuscrit appartenait à Allardin Mezemacre. Il est orné de cinq grands portraits grossièrement peints qui représentent St-Omer St-Bertin, St-Folquin, et St-Silvin, Ipérius et même le frère Bourgois.

Jean V, 58ᵐᵉ abbé de St-Bertin, « laissa comme il est « constaté dans le grand cartulaire, une chronique du « pays et de son abbaye de St-Bertin, beaucoup louée « des savants et connue partout sous le nom de chroni- « que d'ipérius. » (Biograp. de la ville de St-Omer p. 45).

Cette chronique, compilée d'après les cartulaires de Folquin et de Simon, commence en 590, à la naissance de St-Bertin, et se termine en l'an 1294, lors de l'avénement d'Eustache, 54ᵐᵉ abbé. — Très-précieuse pour ses nombreux documents, elle est mentionnée malgré ses récits superstitieux avec une haute estime dans *Sanderus, la bibliothèque Belgique, la Gallia Christiana, le Recueil des historiens des Gaules*.

Cet ouvrage a constamment joui d'une telle réputation que tous ceux qui ont écrit depuis sur les Pays-Bas n'ont pas crû devoir prendre un Guide plus sûr. — Cette chronique est généralement connue et souvent indiquée par les meilleurs historiens modernes.

— C'est incontestablement une des principales sources de l'histoire de Flandre. — Meyer et Locre y ont puisé considérablement ainsi que Malbrancq. Celui-ci forma le plan de son histoire sur l'une des trois copies d'Ipérius.

La chronique d'Ipérius a été imprimée dans le tome 3 du Thesaurus novus anecdotorum. Elle se trouve aussi par extraits dans le recueil des historiens des Gaules.

N° 740 — *Chronica iperii*. — Petit in-folio sur vélin de 143 feuillets, écrit en 1437 par Jacques Avesart, moine de St-Bertin, sur deux colonnes, lettres initiales en or et en couleurs avec divers ornements. — On trouve dans ce même volume plusieurs figures coloriées d'un dessin absolument semblable aux portraits du N° 739.

Au commencement de ce manuscrit, quelques feuillets ont été vivement atteints par l'humidité. de nombreuses mutilations s'y rencontrent.

N° 741. — *Chronica iperii*. — Petit in-folio sur papier de 231 feuillets, caractère du quinzième siècle à longues lignes, capitales en belles couleurs et ornées.

Qu'est devenu le manuscrit original d'Iperius ? l'ancien catalogue des manuscrits de l'abbaye constate 8 exemplaires de cet ouvrage sous les N°^{s} 624 à 631. Nous en possédons encore 4, savoir les N°^{s} 625, 627, 630 et 631 représentés par les N°^{s} 811, 740, 739 et 741 de notre catalogue. Nous avons en outre deux autres Ipérius : les N°^{s} 818 et 745 de notre catalogue.

Le N° 629 écrit par le frère Bertin Daman en 1428 se trouve à la Bibliothèque de Boulogne. 3 Iperius existaient à la bibliothèque de Bourgogne. — Les N°^{s} 158 et 306 des manuscrits de la bibliothèque d'arras sont des Ipérius, caractères des seizième et dixseptième siècles. — Il est indiqué à la Bibliothèque Royale sous le N° 4385.

Les deux manuscrits qui ont servi à l'édition des Bénédictins de St-Maur, appartenaient l'un à l'abbaye de Gemblours, l'autre aux héritiers d'André Hoy, professeur de la langue grecque en l'université de Douai.

M. Abot de Bourgneuf, magistrat de Calais, possédait un manuscrit d'Ipérius. — M. Octave Delepierre en a signalé encore un du quinzième siècle dans son Histoire de Bruges. — *Chronicon monasterii sancti Bertini*. Papier, quinzième siècle. L'anecdote de la papesse Jeanne y est consignée. — Cette chronique était aussi dans la bibliothèque de la cathédrale d'Ypres. On croit que l'autographe est en Belgique. Il y aurait été transporté, à ce que l'on présume, après la destruction de Thérouanne. —

« Il existait jadis un manuscrit de Jean de Langhe,

surnommé Ipérius, dans la bibliothèque ou plutôt dans les archives du chapitre de Saint-Martin, à Ypres. Ce manuscrit appartient actuellement à une personne qui par sa position n'est pas en état d'en faire usage (Le Messager des Arts de Gand, 1838.) — Un beau manuscrit d'Ipérius, du quinzième siècle, velin, 222 feuillets caractères gothiques, figurait au Catalogue — Lammens, sous le N° 24 des manuscrits. — Des antiquaires de la Morinie ont entrepris la traduction des annales d'Ipérius et cette œuvre importante mérite les plus grands encouragemens.

N° 811. — *Bertini sancti chronica.* — In-folio sur vélin, de 102 feuillets, caractères du seizième siècle, sur deux colonnes, initiales et sommaires des chapitres en encre rouge.

C'est encore un Ipérius, se terminant à l'abbé Eustache, en 1294, copié exactement d'après le N° 740, mais sans les tables du commencement et de la fin. C'est le N° 625 de l'abbaye; il a été visé par Guillaume Dewhitte.

N° 818. — *Chronica sancti Bertini.* — In-folio sur papier, de 376 pages, rédigé dans les quinzième et seizième siècles.

C'est une copie de la chronique d'Ipérius jusqu'à l'avénement de l'abbé Eustache, en 1294, page 341; puis une continuation du célèbre chroniqueur s'arrêtant en 1522 sous Antoine de Berghes, 67° abbé. — Il est constaté à la fin de la page 376 que ce livre a été écrit en cette année 1522, par Marc Levassor, sexagénaire. Ce Marc Levassor était un chapelain de Thérouanne qui avait quitté cette ville au commencement du seizième siècle et s'était réfugié à Saint-Omer à cause des guerres du temps. Ayant trouvé chez son frère, médecin de l'abbaye, l'original d'Ipérius, il s'empressa de le transcrire. Qu'est devenu son travail? Le N° 818 n'en est évidemment qu'une copie donnée au moine Portebois par le seigneur Decupere. Ce chapelain poursuivit-il la chronique de St-Bertin au delà de 1522? On dit qu'elle ne s'arrêta qu'à la fin du seizième siècle, mais Marc Levassor ne put le faire jusque vers l'an 1600, puisqu'il avait alors au moins 60 ans. — La continuation de Marc Levassor a été insérée par Don Martenne dans son ouvrage intitulé: *Nova veterum monumentorum collectio* t. 6. p. 613; d'après un manuscrit de l'abbaye de

St-Vaast, mais le récit s'y termine en 1497. — Ce N° 818 est le N° 623 de St-Bertin, mais ce numéro est omis sur l'ancien catalogue de cette abbaye.

N° 742 — 3. — *Iperii continuatio*. — In-folio sur papier de 60 feuillets, caractères du 16° siècle, à deux colonnes, difficile à lire, un peu endommagé au commencement par l'humidité.

Cette continuation d'Iperius s'étend de 1294 à 1450.

N.° 744. — *Iperii continuatio*. — In-folio sur papier, caractères du 17° siècle, à longues lignes, 88 feuillets.

Dans ce manuscrit, la continuation de la chronique de St-Bertin, finit en 1471.

N.° 812. — *Bertini sancti chronica*. — Petit in f.° sur papier de 199 feuillets, caractères du 17° siècle, à longues lig.

C'est une suite du n° 811 par Jean Wala (sous-prieur en 1468, mort le 13 juillet 1503). Depuis Eustache, 54° abbé jusqu'à Guillaume Fillatre, 64° abbé en 1473. Elle est revêtue de quelques notes des deux Dewhitte. On trouve au commencement de ce manuscrit une petite histoire à la louange de Lille, en 16 feuillets, sans doute parceque l'abbé Eustache était natif de cette ville, et cet opuscule se termine à sa mort en 1297. Les notes de Guillaume Dewhitte cessent à l'abbé François de Lières, en 1650. — Les n° 742 — 3 et 744 sont des copies semblables au texte du n° 812.

N.° 745. — *Chronicon Morinense*. — *Chronica Iperii*. Petit in-folio sur papier de 279 feuillets, caractères du 16° siècle, à longues lignes, difficile à lire.

Au 63° feuillet de ce manuscrit on trouve encore une chronique d'Iperius; la suite est de Marc Levassor, et s'arrête en 1522.

Malbrancq a signalé la chronique des Morins, écrite en latin par Marc Levassor, d'après les archives de Thérouanne qu'il avait soigneusement compulsées.

Nous pensons que les 62 premiers feuillets du n° 745 reproduisent cette chronique peu connue et si précieuse pour l'histoire de l'ancienne capitale de la Morinie.

Cette chronique qui se termine en 1539, a été apportée à Ypres, par les fugitifs de Thérouanne, et transcrite en 1590 par un chanoine de St-Martin.

N.° 805. — *Commentaires et annales sur Iperius*. — In-folio sur papier de 433 feuillets à longues lignes, fort difficile à lire et en mauvais état. Caractères du 17ᵐᵉ siècle. — Guillaume Dewhitte est l'auteur de cet ouvrage.

N° 747. — *Annales Bertiniani.* — Petit in-folio sur papier à longues lignes, très-difficile à lire, sans initiales, 180 feuillets, caractères du 16ᵐᵉ siècle.

Ce recueil présente un résumé historique et chronologique qui s'étend de l'an 600 à l'an 1532. L'histoire de Flandre et d'Artois en forme le sujet principal. Jean Wala en est l'auteur jusques en 1417; il eut pour continuateur Allard Tassard.

N.° 801. — *Brevis chronica monasterii sancti Bertini.* — Petit in-12 sur papier, contenant 83 feuillets, caractères du 17ᵐᵉ siècle, correctement tracé mais difficile à lire.

Cette chronique de St-Bertin commence en 590 et se termine en 1297. — Elle contient les principaux événemens arrivés dans le monastère depuis St-Bertin, jusqu'à Eustache, 54ᵉ abbé inclusivement. C'est un abrégé d'Ipérius.

N.° 796. — *Abbatum Sti-Bertini et Variarum rerum chronica.* — In-12 sur papier de 193 feuillets, caractères du 18ᵐᵉ siècle, à longues lignes, lettres capitales en belles couleurs, et ornées de quelques jolies miniatures.

Ce manuscrit contient 1° la suite de la chronique de St-Bertin (n° 801). Elle s'étend depuis l'abbé Egidius de Oya (Gilles d'Oignies) en 1297, jusqu'à Antoine de Berghes, 67ᵉ abbé, en 1493. 2° Une narration de faits historiques de 1492 à l'avénement de Louis XIV. 3° Une table détaillée de la chronique de St-Bertin, comprenant les sommaires des notices de 77 abbés, contenues aux manusc. 55, 801 et 796, avec un supplément jusqu'en 1677, époque de l'administration de Bénoit de Béthune. 4° Un relevé des actes du temps de cet abbé jusqu'en 1698. 5° Une liste des religieux de St-Bertin, accompagnée de renseignements biographiques et nécrologiques, et se prolongeant jusqu'à Bénoit Petit-Pas, 80ᵉ abbé dans le 18ᵉ siècle.

La *Chronique de St-Bertin*, nᵒˢ 801 et 796, a été composée d'après l'ouvrage biographique de Robert Loste, mentionné au n° 816. C'est une variante quant au n° 801, du manuscrit dont se servait Adrien Leborgne, n° 797.

N° 749. — *Chronica Abbatum sancti Bertini.* — Petit In-folio sur papier, caractères du 15ᵉ ou du 17ᵉ siècle, à longues lignes, orné de 68 grandes figures, coloriées et enrichies de plusieurs ornemens. — Ce manuscrit a 110 feuillets en deux parties : la première concerne une chronique des abbés de St-Bertin, en 57 feuillets, curieuse surtout par les portraits des 66 premiers abbés; la seconde en 53 feuillets est l'ouvrage de Jean d'Auffai de Béthune, mentionné au n° 522.

Cette chronique de St-Bertin se termine en 1493. Si le manuscrit est du 15.e siècle, quel est donc l'auteur de cette chronique dont les principaux traits se retrouvent dans les ouvrages de Robert Loste et d'Adrien Leborgne? comme nous le croyons du 17e siècle, nous considérons encore cette chronique comme une variante des écrivains précités, mais elle mérite d'autant plus d'être recherchée que les figures dont elle est parsemée peuvent être appelées historiques à cause des allégories et des symboles qui les accompagnent; c'est une espèce d'histoire en action du monastère.

N.° 755. — *Chronica Abbatum sancti Bertini.* — Petit in-folio sur vélin de 36 feuillets, terminé en 1402, à longues lignes, décoré de 68 portraits d'abbés, et continué jusqu'en 1577. Ce manuscrit est plus curieux encore que le précédent à cause de ses figures qui sont beaucoup plus anciennes. Les dessins des deux manuscrits sont semblables excepté vers la fin. Il manque deux feuillets au manuscrit n° 755, contenant les figures des abbés, 60, 61, 62 et 63.

Nous recommandons aux amateurs des vieilles images l'*Enfroquement* de Childéric III. Au bas de chaque portrait se trouve une explication fort sommaire.

N.° 797. — *Chronica rerum notabilium monasterii sancti Bertini.* — In-18 sur papier de 341 feuillets, caractères du 17e siècle, à longues lignes, lettres initiales en belles couleurs et ornées de fort jolies petites vignettes.

Ce manuscrit très correctement tracé par Adrien Leborgne en 1681 (d'après ce chronographe placé en tête du volume: Me VtitVr aDrIand Vs. Leborgne, Professvs CoenobII SIthIV), contient d'abord une chronique de St-Bertin, qui remonte à l'origine du monastère et finit à l'abbé Eustache, en 1294, époque où s'est arrêté Iperius, puis l'on trouve 1° *Series comitum flandriæ* depuis Baudouin-bras de fer jusqu'à Charles II roi d'Espagne, en 1679; 2° *Series Romanorum pontificum* Cessant avec Alexandre II en 1655. 3° *Series imperatorum Romanorum.* 4° *Series Regum franciæ* continuée jusqu'à la publication de la paix des Pyrénées en 1660.

Adrien Leborgne, né à St Omer, religieux de St-Bertin, est décédé en 1702 dans ce monastère. Il est vraisemblement l'auteur de la chronique dont il s'agit; travaillant immédiatement après Robert Loste, il a complété et perfectionné les travaux de son devancier, de même que celui-ci s'était servi avec utilité des productions d'Iperius, l'assart et autres annalistes. Toutefois, Adrien Leborgne s'est arrêté à 1294, comme nous venons de le remarquer, et la chronique du monastère a été continuée ensuite d'une manière uniforme jusqu'en 1493. (n°ˢ 796, 749, 812). C'est le même plan que celui d'Iperius et de ses continuateurs.

N.° 748. — *Chronicon Bertinianum.* — In-folio sur papier de 34 feuillets, à longues lignes, caractères du 17ᵉ siècle, lettres initiales en rouge.

C'est une curieuse et succinte récapitulation des faits et gestes des abbés de St-Bertin jusqu'à François de Liéres, 75ᵉ abbé en 1650 et qui ressemble beaucoup à celle du n° 749, sans parités toutefois dans les textes.

N.° 806. — *Annales de St-Bertin.* — In-folio sur papier de 302 pages écrit, dans le 17ᵉ siècle.

C'est l'histoire de l'Abbaye de St-Bertin depuis Gérard D'Haméricourt, c'est à dire en 1519, jusques à l'année 1655; cette période remplie de particularités curieuses sur la ville de St-Omer, se trouve à peu près reproduite dans le *grand cartulaire*, mais néanmoins on ne doit pas négliger de la consulter séparément. — Jean de Bersacques, frère de Denis de Bersacques, l'un des historiens d'Artois, sous-prieur en 1559, et archiviste, a composé ces annales jusqu'en 1604, époque de sa mort. — Cet ouvrage est souvent cité. *Revue du Nord,* 2ᵉ s. t. 2. p. 30.

N.° 825. — *Inventarium sithiense.* — 4 volumes in-folio sur papier. Recueil imparfait, rédigé dans le 18ᵉ siècle par Placide Fleurquin et Nicolas Duval, religieux de l'abbaye de St-Bertin.

Cet *inventaire* est une description sommaire *Omnium instrumentorum Ecclesiasticorum, Regalium, comitalium, Pagensium seu Privatorum, quæ asservantur in Archivis Abbatiæ Sithiensis.*

Le tome 1ᵉʳ commence à la Charte d'Adroald en 648, et se termine en 1221; il a 447 pages. — Le tome 2, en 332 feuillets prend fin à 1286. — Manquent les tomes 3 et 4. — L'année 1427 est la première du tome 5 et l'année 1500 est la dernière. Il contient 297 feuillets. — Le tome 6 ne va pas au-delà de l'an 1593 et renferme 283 feuillets. — L'ouvrage devait prolonger la chronologie jusqu'en 1776.

N.° 804. — *Sommaire Alphabétique et chronologique des Archives de l'abbaye de St-Bertin*. — 5 volumes in folio sur papier écrits dans le 18ᵉ siècle, 1259 feuillets. — C'est un recueil assurément aussi utile que curieux par l'importance et la diversité des matières qu'il renferme. — On peut voir dans le premier volume la nomenclature des propriétés de l'abbaye situées en Angleterre. — Les dénominations les plus saillantes dans les deux premiers volumes sont : *Arques, Bourbourg, Gravelines, et Poperingues*; celles des tomes 3 et 4 sont : *Longuénesse, Salperwick, Tatinghem, Wisernes, Houlle*. — Dans le cinquième volume se trouve le *Sanctorale*, fragment précieux pour la Biographie de la communauté, et un mémoire tendant à prouver la possession par l'abbaye des reliques de St-Omer. — A la suite de ces 5 volumes se place naturellement une *table générale des dates et des titres*. — In-folio de 342 pages.

N.° 805. — *Le grand Cartulaire de l'Abbaye de St-Bertin*, grand in-folio, 11 volumes.

Beau manuscrit sur papier à longues lignes, caractères du 18ᵉ siècle, exécuté par Charles Dewhitte, archiviste de l'abbaye, avec les sceaux et armoiries qui y sont figurés d'après confrontation et collation faite par les notaires royaux.

Ce recueil jouit toujours d'une grande renommée dans les anciens Pays-Bas, et c'est assurément aussi un trésor précieux à consulter pour ceux qui s'occupent de l'histoire du nord de la France et de celle de la Belgique. — Il en existe une copie au cabinet des chartes de la Bibliothèque royale. — L'abbé de St-Bertin envoyait souvent » au garde des sceaux des copies très-bien faites de » chartes de cette ancienne maison. » La coutume était dans plusieurs monastères, dans celui de St-Bertin par exemple, de tenir des registres et des journaux où l'on inscrivait exactement, non seulement tout ce qui pouvait intéresser l'abbaye et la cité, mais encore ce qui arrivait d'essentiel dans la province et dans le royaume.

Cet ouvrage est divisé en onze volumes ; c'est un recueil général et chronologique des chartes et titres de l'abbaye de St-Bertin, le tout tiré et copié sur les originaux mêmes reposant aux archives de ladite abbaye, et à leur défaut sur les cartulaires de Folquin, Simon, Tassart et autres anciens écrivains de l'abbaye de St-Bertin.

Le tome 1er commence avec la charte de 648 et finit avec l'an 1200 environ. — Le tome 2 marche de 1201 à 1240. — Le tome 3 comprend l'intervalle entre l'année 1241 et 1294. — Le tome 4 va de 1274 à 1365. — Le tome 5 s'étend de 1365 à 1407. — Le tome 6 continue les chartes jusqu'en 1447. — Le tome 7 jusqu'en 1473. — Le tome 8 jusqu'en 1500. — Le tome 9 jusqu'en 1578. — Le tome 10 termine le recueil des chartes en 1600. — Le tome 11 à peine commencé est consacré à une relation sommaire des faits les plus importants de la révolution française et des premières années de l'empire.

L'ouvrage contient des notices Biographiques sur chaque abbé avec un sommaire des événements principaux qui se sont passés dans le monastère, et une série de faits relatifs à l'histoire générale du pays. Il est accompagné de deux volumes de tables in-8°, très-détaillées et fort utiles pour l'intelligence du recueil. — C'est Charles Dewhitte qui principalement a exécuté avec une patience admirable et jusqu'aux derniers jours de sa vie *le grand cartulaire de St-Bertin*. (Biographie de St-Omer, p. 256). — (Voir les n°s 555, 574, 578, 579, 735 et 815).

N.° 746. — *Specilegium Sithiense*. — 2 volumes in-folio sur papier et sur vélin, caractères divers des 12e, 15e, 16e et 17e siècles, à longues lignes, contenant le tome 1er 328 feuillets, et le tome 2e 266 feuillets.

Cette précieuse collection, au rapport de l'abbé Aubin, contient une infinité de pièces qui servent de preuves à l'histoire du pays. Un grand nombre de noms que leur célébrité empêche d'oublier, mais qui n'offrent plus que des connaissances confuses, y paraissent avec des indications certaines que l'histoire générale ne donne pas toujours et qu'on ne trouve même qu'avec peine dans l'histoire particulière. L'on y voit non seulement une quantité de traits qui concernent la discipline ecclésiastique, mais aussi beaucoup de morceaux curieux et de monuments authentiques qui mettent dans le plus grand jour ce qui pendant des siècles avait été enveloppé dans les ténèbres les plus épaisses.

On trouve dans le premier volume :

1° une longue épitre en latin du pape Paul II à Mahomet II.

2° *historia Eremboldi Monachi sancti Bertini*. Cet Erembold était prieur dans le 12° siècle; on voit constatée dans le fragment en deux feuillets et demi qui lui est attribué l'Entrée de la comtesse Atala dans le monastère.

3° *Genealogia flandrensium Comitum*. — 4 feuillets et demi. — Cette Généalogie des comtes de flandre est probablement la plus ancienne que nous possédions; elle s'étend de Baudouin-Bras de fer à la fin du règne de Thierry d'Alsace; elle a été composée en 1172 par Guillaume de Lo: le manuscrit de Clairmarais, n° 769, édité par Dom Martenne, l'a reproduite totalement, et l'a continuée jusqu'en 1348. Le manuscrit n° 801 de la Bibliothèque de Bourgogne à Bruxelles contient une chronique de flandre, inédite, extrêmement ancienne.

4° Oratio Guillielmi Episcopi tornacensis et Abbatis sancti Bertini anno 1463 ad summum pontificem.

5° Bref extrait de la prinse et reprinse de St-Omer par les Français et Bourguignons tiré d'un papier manuscrit de Jehan Molinet. — Cet extrait commence à 1487 et se termine en 1594.

6° Tabula principum Flandriæ. — Caractère presqu'illisible du 17° siècle.

7° *Chronicæ Flandriæ authore judoco Brysselio Germano*.

Ce fragment fort incorrectement tracé l'a été aussi dans le 17° siècle; la chronique remonte aux temps les plus reculés, et finit en quelque sorte avec le règne de Philippe-le-Bon.

8° De sanctis morinensis Pagi. — Dans cette légende signée de Guillaume Dewhitte en 1623, figurent encore les vies de St-Omer et de St-Bertin.

9° Neuf feuillets d'un inventaire des biens de l'abbaye

de Saint-Bertin, en Angleterre, rédigé en 1620.

10° Gesta abbatialia Guillielmi 3. — de 1611 à 1623.

11° Extrait des chartes de l'abbaye de St-Bertin concernant les maisons de Guisnes, Alost et Gand. — On y trouve le testament en vieux gaulois de Baudouin, comte de Guisnes, mort en 1244 et des documents importants pour l'histoire de Guisnes.

12° Extraits divers des anciens cartulaires et manuscrits de St-Bertin, sur les deux chapitres de la toison d'or tenus en cette abbaye en 1440 et en 1461, par Guillaume Dewhille.

13° De sancta Walburga. — Diverses vies de saints parmi lesquelles on voit de nouveau celle de St-Omer, puis la longue et multipliée biographie de Bernard-le-Pénitent.

Le deuxième volume renferme une infinité de vies de saints, entr'autres les vies de St-Vaast, de St-Winoc, de St-Erkembode, de l'évêque Folquin; en outre celles de St-Omer et de St-Bertin avec les offices particuliers à leur culte; une vie de St-Omer entr'autres est tirée des tapis du chœur de Notre-Dame. Ces œuvres pieuses se réitéraient alors dans le monastère, tant on les considérait comme des objets d'édification et de curiosité instructive. D'ailleurs les saints étaient les héros de leur siècle. — « On se moque des saints, mais les anciens » n'avaient-ils pas leurs demi-dieux ? »

Le manuscrit est terminé par un fragment imparfait de l'histoire de l'abbé Hugues de Chileham, en Angleterre, ancien moine de St-Bertin, et par un tableau des religieux de l'abbaye jusques à l'an 1600.

N.° 732. — *Chronica Episcoporum et abbatum*, à tassardo.
— manuscrit sur papier, caractères des 16° et 17° siècles à longues lignes, lettres initiales en couleurs avec plusieurs figures coloriées. — Cet ouvrage qui a appartenu à un abbé de St-Bertin est en quatre volumes petit in-folio. Le tome 1er comprend 316 feuillets; le tome second 277 feuillets; le tome troisième 280 et le quatrième 286, en tout 1159 feuillets.

Le *Grand cartulaire de St-Bertin* a porté sur l'auteur le jugement suivant :

« L'abbé Antoine de Berghes a reçu au nombre de ses religieux Allard Tassart, natif de St-Omer, qui fut depuis l'origine de St.-Bertin jusqu'alors le plus grand diplomatiste de l'abbaye; il passa toute sa vie monastique à l'étude des archives de son monastère dont il copia de sa propre main toutes les chartes, les titres et priviléges; il en écrivit aussi les annales ainsi que les anciennes rubriques et coutumes; il fit une *gallia Christiana* de quatre volumes in-folio; enfin ce très-digne et vigilant religieux laissa à sa mort qui arriva en 1532, le vendredi saint 11 avril, une quantité de volumes pour monument de sa mémoire qui est et sera toujours en grande vénération à l'abbaye de St-Bertin où il exerça aussi avec beaucoup d'édification pendant plusieurs années l'office de grand-chantre. »

Nous avons aussi depuis longtems rendu un juste hommage à cet archiviste renommé dont les principaux travaux nous ont été heureusement conservés.

Le n° 549 concerne les *Antiqui usus sithivenses.*

Le n° 747 les *annales Bertiniani* et le n° 732 contient les *catalogi Episcoporum Rhemensium*. — Cameracensium — Laudunensium — Noviomensium — tornacensium — snessionensium — Ambianensium — Morinensium — atrebatensium — Cathalarnensium — tungrensium — trajectensium. — 65 feuillets sont consacrés aux évêques des Morins, et cette légende s'arrête à la mort de Jean de Lorraine, en 1521.

Cet important chapitre renferme des notions curieuses sur l'établissement du christianisme dans la Morinie, une biographie assez détaillée des prélats qui occupèrent le siége de Thérouanne, ou résidèrent momentanément à Boulogne, ainsi que des saints les plus renommés de ce diocèse.

Ce volume est orné de trois grandes figures coloriées, et rempli de notes de la main de Guillaume Dewhitte, archiviste du 17e siècle. — Le tome second est rempli par le *catalogus épiscoporum* metensium — tullensium — Lugdunensium — colonensium — trevirensium — maguntinorum — Wiztziburgensium — Halberstadensium — Viennensium — argentinensium — florentinorum — Lubicensium — Saltzburgensium — jerosolimorum patriar — Alexandrinorum — Antiochenorum — madeburgensium — hildelemensium — monasteriensium — Bambenbergensium — abbatum fuldensium — Bremensium. — padeburgensium.

On trouve dans le tome troisième le *catalogus episcoporum* Rhotomagensium — Parisiensium — meldensium — Bituricensium — Avernensium — turonensium antissiodorensium — trecassinensium — nivernensium — senonensium silvancetensium — Aurelianensium — antuariensium — eboracensium anglorum — mediterraneorum Saxonum — Australium Orientalium — hrofensium — saresbirensium. Ce volume est orné de deux figures coloriées.

Enfin dans le tome quatre, on voit le tableau des abbés *Alcianensis sancti vedasti, sancti Winocci, Aquicintini, sancti Petri Blandiniensis. sancti Bavonis Gandensis, sancti Amandi Elnonensis, Hasnoniensis, Marchianensis, sancti Martini Tornacensis, affligeniensis, Eenhamensis, sancti Andreæ Brugensis, Aldeburgensis, Claromariscensis, de Dunis, Burburgensis, Herneldensis, Corbiensis, fiscanensis, fontanellensis, sancti Richerii Centulensis, montis sanctæ Catharinæ juxta Rhotomagum, fossatencis archiep. maguntinenses, Episc. paterdeburnenses, Episc. hildesheimenses, Halberstendenses et herbibolenses.*

Nous devons distinguer dans ces nomenclatures les catalogues qui concernent les abbayes de St-Winoc, de Clairmarais et de Bourbourg; les faits relatifs à ce dernier monastère finissent avec le 15ᵉ siècle, mais ceux spéciaux aux deux autres s'étendent jusques aux années 1636 et 1637, et l'on y découvre des détails importans sur les troubles de la Flandre vers la fin du seizième siècle.

N.° 817. — *Fondation du collège de St-Bertin.* — In-folio sur papier de 88 feuillets, caractères du 18° siècle.

Gérard d'Haméricourt, abbé de St-Bertin et puis évêque de St-Omer, fonda dans la ville de St-Omer, le 1ᵉʳ mars 1561, le collége des pauvres de St-Bertin qui subsista jusques à la révolution. Ce recueil contient une foule d'actes concernant l'administration de cet utile établissement.

N.° 785. — *De viris pietate scientiâ et dignitate magnis sacri sithiensis cœnobii.* — In-4° sur papier de 121 feuillets, écrit dans le 17ᵉ siècle.

Ce manuscrit n'est qu'un extrait de la première partie du n° 816. — L'abbaye de St-Bertin a produit, nous le répétons, une foule de religieux qui l'ont également illustrée, les uns par leur piété, les autres par leur science et par leurs écrits. — A la fin de ce petit volume se trouvent quelques règlements concernant l'ordre de St Benoit.

N.° 816. — *De viris pietate, scientia, genere et dignitate magnissacri sithiensis cœnobii à domino Roberto Loste monacho ejusdem cœnobii ex diversis manuscriptis collecti* 1658.

Ce manuscrit sur papier de 244 feuillets a été rédigé dans le 17ᵉ siècle par Robert Loste, religieux de l'abbaye. Né à Hallines, moine en 1626, il mourut en 1677 le plus âgé de la communauté : « *plura de hujus monasterii gestis scripsit.* »

Cette biographie de St-Bertin qui commence naturellement par la notice du saint fondateur, peut être considérée comme un résumé intelligent et instructif de l'histoire de cette abbaye. L'auteur a appuyé les faits et gestes de ses personnages sur l'autorité de nos annalistes les plus recommandables. Cependant il puise un peu trop souvent ses documents dans la chronique d'Ipérius. Plusieurs de ses articles sont écrits en français. On y rencontre encore des vies de St-Bertin, de St-Omer et de St-Winoc. — Un document important, c'est le sommaire des actes administratifs de 72 abbés du monastère, suivi de la liste des écrivains et même des moines continuée jusqu'en 1740. — Le reste du manuscrit est consacré à quelques autres vies de saints, au catalogue des bénéfices de la maison, à l'indication de nombreux titres avec un relevé de propriétés, de prébendes, de règlements et usages, de redevances et de pièces relatives à la position personnelle de l'auteur. On y trouve aussi un catalogue des abbés de St-Winoc jusqu'en 1660.
— Nous devons constater en outre une vie de St-Bertin composée par Robert Loste lui-même d'après une tapisserie du chœur introduite par la munificence du célèbre Ipérius.

On sait avec quel prodigieux talent *Les anciennes tapisseries*, par A. Jubinal et Sansonetti sont aujourd'hui reproduites, et combien ces monuments en quelque sorte nouveaux sont utiles à l'histoire générale.

N.° 807. *Rubriques à l'usage de l'abbaye de St-Bertin.* — In-folio sur papier de 226 pages, rédigé dans le 18ᵐᵉ siècle

C'est un relevé des obligations et des devoirs des chantres, touchant les cérémonies de l'office divin avec des indications de tout ce qu'ils doivent faire observer, tant dans les offices ordinaires qu'extraordinaires, comme prières publiques, te deum, processions, etc. (Voir les n°˚ 324, 391, 392, et le n° 831, exécuté par le frère Clément Descamps).

N.° 2403. — (Des imprimés.) — Dans ce volume in 4° se trouve inclus un manuscrit de quelques feuilles sur papier, ayant pour titre : *Sithiu cœnobii florarii.* — Il n'est pas très-rare de rencontrer quelques pièces manuscrites dans les ouvrages imprimés, et l'on découvre de même des opuscules d'une impression très-reculée dans les manuscrits. Le congrès méridional, séant à Toulouse, avait donc bien raison de recommander vivement la publication des catalogues des manuscrits.

N.° 204. — *Antiphonarium Bertinianum.* — 2 volumes in-folio sur vélin, contenant le tome 1ᵉʳ 217 feuillets, le tome deuxième 253 feuillets.

Manuscrit exécuté en 1544 par Jean Pacoul, religieux de St-Bertin, orné de grandes initiales en couleurs et historiées. — Ce pieux calligraphe avait déjà présenté en 1538 un *angelus* au magistrat de St-Omer, et en avait reçu une gratification de vingt livres.

N.° 390. — *Ordinarium monasterii sancti Bertini.* — Manuscrit in-8° sur papier, caractères du 16ᵐᵉ siècle, à longues lignes, quelques lettres initiales en rouge. — 244 feuillets. On y trouve une note qui atteste que la grosse cloche de St-Bertin, nommée *Védastine*, a été hissée sur la tour le 31 octobre 1585, vers les quatre heures du soir, et qu'elle se fit entendre la nuit suivante.

Elle avait été fondue par Nicolas Delacourt, et Jean, son fils, de Douai.

N.° 503. — *Recueil de plusieurs mémoires et chartes.* — Manuscrit in-folio du 16ᵐᵉ siècle, écrit correctement sur papier et à longues lignes. — 273 feuillets. Après la mort de Gérard d'Haméricourt, 69ᵐᵉ abbé de St-Bertin, en 1577, les états-généraux des Pays-Bas, déléguèrent un certain abbé de Marolles pour diriger l'administration de cette communauté ; mais les moines de l'abbaye firent parvenir à Philippe II, une réclamation contre cet attentat à leurs droits, et Don

Juan d'Autriche ne tarda pas à délivrer une commis-
ad hoc à Vaast Grenet, prieur qui devint bientôt le
70° abbé.

Ce volume renferme toutes les pièces relatives à cette
contestation.

N.° 531. — *Titres concernant les droits spirituels de l'abbaye de St-Bertin.* — Manuscrit in-folio du 16ᵐᵉ siècle, sur papier, contenant 125 feuillets. — Les titres compris dans cet ouvrage remontent à l'acte de sépulture de St-Omer, en 662 et se terminent à des lettres de reconnaissance de l'abbé de St-Bertin, délivrées en 1525 au sujet du cimetière de St-Adrien.

N.° 549. — *Antiqui usus sithivenses, Autore Tassardo.* — Manuscrit in-4°, du 18ᵐᵉ siècle, de 518 pages, sur papier. — Ce volume contient les anciennes coutumes de l'abbaye de St-Bertin; les huit premiers feuillets en français et le reste en latin. — Ces coutumes ont rapport principalement aux exercices religieux de la maison et à la vie ordinaire des cénobites.

N.° 783. — *Vita Beati Bernardi pœnitentis.* — In-4° de 28 feuillets sur vélin, caractères du 12ᵉ au 13ᵉ siècle, à longues lignes, initiales en couleurs.

Cet ouvrage est attribué à Jean, moine de Saint-Bertin, auteur contemporain. — Le manuscrit est imparfait.

Bernard, né dans la Provence, d'une famille distinguée, passa ses premières années dans les plaisirs du monde. Ayant trempé dans un complot qui fit périr le gouverneur de Montpellier où il demeurait, il résolut pour expier son crime de se consacrer aux exercices de la plus rude pénitence. — Il fit trois fois le pélerinage de Jérusalem. Guillaume, châtelain de St-Omer, lui donna une petite cabane auprès de l'église de St-Bertin où il se retira. — L'an 1182, le 19 avril, étant tombé malade, il demanda l'habit de St-Bénoît et reçut les derniers sacrements. Dès qu'il fut mort, on lui ôta ses habits et l'on aperçut les chaînes et les instruments de pénitence qu'il n'avait jamais voulu quitter. Il fallut exposer Bernard aux regards d'un peuple immense qui ne pouvait se lasser de voir un serviteur de Dieu dont la sainteté continuait de se manifester par des miracles. — Ce nom de *Bernard le pénitent* est un de ceux qui ont eu le plus de retentissement dans les fastes de l'abbaye de St-Bertin.

N.° 813. — *Bertini sancti monasterii catalogus manuscriptorum.* — In folio du 17ᵉ siècle, sur papier, 75 feuillets. (Voir la notice historique sur la bibliothèque publique de St-Omer, p. 11).

La bibliothèque des manuscrits de St-Bertin était composée de 771 articles. 534 de ces manuscrits se trouvent encore à la bibliothèque de St-Omer, 79 à celle de Boulogne, et l'un d'eux a figuré à la *bibliotheca hultemiana*, de sorte que la perte réelle est de 157 articles. — Les 79 manuscrits de l'ancienne bibliothèque de St-Bertin qui sont aujourd'hui à celle de Boulogne, portent les nᵒˢ 23, 27, 28, 33, 36, 37, 42, 45, 46, 47, 52, 54, 56, 58, 59, 65, 66, 69, 71, 75, 76, 78, 80, 82, 84, 86, 97, 98, 126, 161, 173, 176, 205, 206, 210, 211, 215, 216, 219, 220, 225, 229, 230, 231, 332, 240, 242, 243, 244, 255, 256, 261, 264, 265, 277, 290, 300, 312, 358, 413, 416, 447, 452, 471, 478, 479, 488, 511, 512, 582, 603, 606, 607, 629, 638, 668, 714, 721 et 724 du vieux catalogue des manuscrits de cette abbaye.

La renommée de l'abbaye de St-Bertin étant généralement attestée, sa biographie et sa bibliographie seraient assurément des ouvrages d'un puissant intérêt pour notre histoire locale. (Biographie de la ville de St-Omer, p. 252). — On trouve dans *le grand cartulaire* diverses notions sur l'époque de la confection de plusieurs manuscrits de St-Bertin. Des manuscrits relatifs à l'histoire de cette abbaye, figurent au catalogue des archives du baron de Joursanvault, de la *bibliotheca hulthemiana*, dans la collection des manuscrits de Montfaucon, en plusieurs bibliothèques de la Belgique, aux bibliothèques d'Arras et de Boulogne. — A celle de Boulogne, entr'autres, on voit une chronique des abbés de St-Bertin du 10ᵉ siècle. Mais pour donner une histoire complète de ce célèbre monastère il faudrait risquer nécessairement sa vue et sa santé à déchiffrer d'illisibles parchemins. « La vie passe vite à compulser la poussière souvent ingrate des monuments indéchiffrables du passé. » Qu'un plus savant, qu'un plus heureux surtout l'entreprenne !

— Au reste on sait apprécier aujourd'hui presque généralement les fruits à retirer des dépôts littéraires; dès 1718, il est vrai, le président Cousin avait laissé un fonds pour obtenir toutes les années un discours latin sur l'avantage et l'utilité des bibliothèques publiques; on ne manqua pas de faire alors avec raison et justice l'éloge mérité de l'affabilité avec laquelle on communiquait au public les bibliothèques dans les abbayes de St-Benoit; En vain depuis, sur la proposition de Grégoire, toutes les académies et sociétés littéraires furent momentanément supprimées; l'ère de l'ignorance et du sophisme ne peut longtems prévaloir..... Maintenant toutes les villes de quelque importance tiennent à honneur de posséder une bibliothèque publique, et là, où tous les anciens débris de communautés ont été vendus, comme à Hazebrouck, par exemple, on applaudit vivement à la formation d'une *bibliothèque catholique*, preuve nouvelle de l'influence puissante du clergé éclairé. — Quant à l'utilité des *catalogues de manuscrits*, elle vient encore d'être démontrée par la réimpression de celui de la bibliothèque de Lille ; dans les *archives du nord;* à la vérité, « nos grands seigneurs de la politique, nos grands seigneurs de la banque, nos grands hommes d'état, nos grands hommes de lettres, sont généralement bibliophobes; » a observé Ch. Nodier, mais, « les études historiques sont en vogue, le dépouillement » des écrits du moyen-âge fait fureur, il faut saisir l'oc-» casion d'être utile.... » Sans désirer aussi d'autre rémunération que *des prières*, comme disaient les anciens auteurs des manuscrits.

Parmi ces manuscrits, sans doute, tous ne sont pas également dignes d'être connus, « mais c'est une mine » où l'on trouvera des parcelles d'or mêlées à des mé-» taux moins précieux.... » C'est pourquoi, nous avons crû devoir nous borner à la partie incontestablement la plus intéressante, celle qui concerne l'histoire de France, qui ne peut être trop connue et propagée, et c'est par ce puissant motif que nous avons inséré, il y a quelques années, dans le *bulletin de la société de l'histoire de France* les manuscrits de cette catégorie qui se trouvent dans les bibliothèques d'Arras, de Boulogne, de Calais, et dans celles de Lille, de Bergues, et de Dunkerque.

ERRATA.

Pag.		Lisez	
8	Madelaine	»	la Madeleine.
11	Cerbie	»	Corbie.
12	même aussi	»	même ainsi.
13	postérieurem.' 174	»	postérieurement à 741.
14	hautpinnois	»	hautponnois.
17	en 1330	»	en 1380.
19	et morir	»	est morir.
19	il suivit	»	il suivit l'itinéraire de
19	bargare	»	Bongars.
20	australie	»	austrasie.
21	n'éprouvait	»	n'éprouverait.
21	s'opérait	»	s'opérerait.
21	n° 164	»	n° 174.
21	conpendiasis	»	conpendiensis.
22	dervloitle	»	Dewhitte.
23	proditorie	»	proditoris.
24	fragmentus	»	fragmenta.
26	1662	»	1692.
26	1793	»	1693.
30	n° 363	»	n° 563.
31	de des	»	de ces.
40	lurtout	»	surtout.
40	queinfort	»	queinfert.
40	n° 1008	»	n° 1008 des imprimés.

TABLE. *Manuscrits concernant*

L'histoire générale de France.   25 n°°
    pages 5 à 32.
Artois (Arras, Béthune) Flandre.   22 n°°
    pages 32 à 35. 38 à 40. 42 à 47. 49, 50, 56.
St-Omer.   11 n°°
    pages 35 à 38, 47, 48, 62 à 65.
Guisnes.   4 n°°
    pages 40 à 42.
St-Pol. pages 50 à 56.   4 n°°
Clairmarais. pages 34, 39, 47, 66.   6 n°°
St-Bertin.   40 n°°
    pages 56 à 62. 67 à 87.
    12 n°°

www.ingramcontent.com/pod-product-compliance
Lightning Source LLC
LaVergne TN
LVHW050558090426
835512LV00008B/1227